초등

영어듣기평가
완벽대비
Listen & Speak Up

3-2

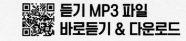

듣기 MP3 파일
바로듣기 & 다운로드

⬇ 정답과 해설 및 듣기 MP3 파일은 EBS 초등사이트(primary.ebs.co.kr)에서 다운로드 받으실 수 있습니다.

| 교 재 내 용 문 의 | 교재 내용 문의는 EBS 초등사이트 (primary.ebs.co.kr)의 교재 Q&A 서비스를 활용하시기 바랍니다. | 교 재 정 오 표 공 지 | 발행 이후 발견된 정오 사항을 EBS 초등사이트 정오표 코너에서 알려 드립니다. 교재 검색 → 교재 선택 → 정오표 | 교 재 정 정 신 청 | 공지된 정오 내용 외에 발견된 정오 사항이 있다면 EBS 초등사이트를 통해 알려 주세요. 교재 검색 → 교재 선택 → 교재 Q&A |

HOME SCHOOL

집에서 즐겁게 공부하는 초등 영어

EBS랑 홈스쿨 초등 영어

다양한 부가 자료와 함께 TV·인터넷·모바일로 쉽게 하는 홈스쿨링 영어

○ EBS 초등사이트 eWorkbook(받아쓰기, 단어테스트, 리뷰테스트 등) PDF/MP3/무료 강의 제공 ○

초등 영문법 1, 2

초등 영독해 LEVEL 1 ~ 3

초등

영어듣기평가
완벽대비
Listen & Speak Up

3-2

구성과 특징
효과적인 활용법

이 책은 어떤 내용들로
이루어져 있을까요?
구성에 따른 특징과 효과적인
학습 방법을 알아봐요!

WARM UP | 어휘로 예습하기

듣기평가 모의고사에서 접하게 될 핵심 어휘들을 예습해 봅니다. [듣고 따라 말하기(소리 입력)] ⇨ [들으며 따라 쓰기(글자 입력)] ⇨ [들으며 의미 쓰기(의미 입력)]의 총 3단계로 구성되어 있습니다. 각 단계를 따라가면서 자연스럽게 하나의 어휘를 총 3회 이상 들어 보고 차근차근 소리와 뜻을 익힙니다.

이것만은 꼭!

모든 단계를 마친 후, 혼자서 어휘들을 크게 읽어 보세요! 여러 번 읽다 보면 어휘가 쉽게 느껴져요!

LISTEN UP | 문제 풀며 듣기 집중력 강화하기

듣기평가 모의고사

실전 문제를 풀어보며 다양한 유형을 경험하고, 문제를 풀기 위한 기술을 익힙니다.

이것만은 꼭!

문제를 틀려도 괜찮아요. 틀린 문제는 여러 번 들어 보면서 어휘와 표현을 학습하면 된답니다!

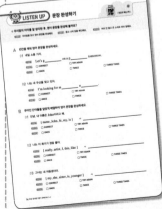

문장 완성하기

듣기평가 모의고사에서 들었던 여러 문장들 중, 핵심 어구를 포함한 문장들을 내가 직접 완성해 봅니다. 내가 완성한 문장이 맞는지, 원어민의 음성으로 또 한 번 확인하여 듣기와 영작을 동시에 연습합니다.

이것만은 꼭!

원어민의 음성을 먼저 듣지 말고, 꼭 먼저 문장을 완성해 본 후 원어민의 음성을 확인해 보세요! 원어민의 음성을 확인한 후에는, 듣고 따라 말해 보며 shadow speaking까지!

JUMP UP | 받아쓰기로 복습하기

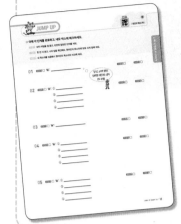

받아쓰기 활동을 통해 듣기평가 모의고사 문제에서 들었던 어휘들의 소리를 복습하고 익히면서 다양한 어휘와 표현들을 흡수합니다. 받아쓰기 활동 후에는 해당 단원의 중요 표현들을 더 알아보는 코너가 마련되어 있어서, 각 표현의 예문들을 다양하게 활용해 보고 중요한 정보들도 배워 봅니다.

이것만은 꼭!

받아쓰기를 하면서 한 번에 완성하지 못한 빈칸은 여러 번 반복해서 들으면서 하나씩 완성해 보세요. 철자를 몰라서 쓰지 못했다면 어휘 복습을 한 뒤에, 다시 한번 시도해 봅니다.

FLY UP | 대화 완성으로 의사소통 기술 익히기

질문 또는 응답만 제시된 받아쓰기 문제를 풀면서 대화를 완성하고, 이를 통해 적절한 의사소통을 이해합니다.

질문이 나와 있다면 → 적절한 응답은 무엇일지 생각해 본 후, 받아쓰기를 통해 대화를 완성합니다.

응답이 나와 있다면 → 알맞은 질문은 무엇일지 생각해 본 후, 받아쓰기를 통해 대화를 완성합니다.

이것만은 꼭!

대화가 완성되면, 친구와 함께 또는 혼자서라도 대화하는 기분으로 크게 말해 보세요!

SPEAK UP | 말하기와 쓰기로 영어 어순 체득하기

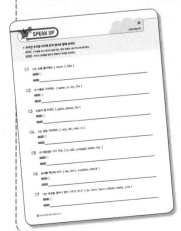

주어진 우리말 의미에 맞게 바로 말해 본 후, 글쓰기 과정을 통해 생각을 정리하고 영어 어순을 체득합니다. 단순한 말하기와 영작이 아니라, 주어진 단어들을 배열하여 문장을 완성하는 과정을 통해 쉽고 자연스럽게 영어의 어순을 습득할 수 있습니다.

이것만은 꼭!

쓰기 활동을 먼저 하면 안 돼요! 말하기 연습 후, 마지막으로 글쓰기로 정리해야 해요!

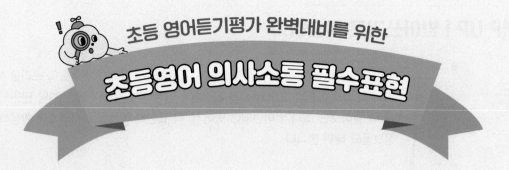

초등 영어듣기평가 완벽대비를 위한

초등영어 의사소통 필수표현

인사하고 안부 나누기	A: Hello, I'm Garam. 안녕, 나는 가람이야. B: Hi. I'm Lucy. 안녕. 나는 Lucy야.
	A: How are you? 어떻게 지내? B: Very well, thank you. 아주 잘 지내, 고마워.
소개 하기	A: What's your name? 너의 이름은 뭐니? B: My name is Eric. 내 이름은 Eric이야.
	A: This is my sister, Juha. 이 아이는 나의 여동생 주하야. B: Hi, Juha. Nice to meet you. 안녕, 주하야. 만나서 반가워. C: Nice to meet you, too. 나도 만나서 반가워.
지시 하기	A: Sit down, please. 앉으세요. B: Okay. 알겠습니다.
	A: Don't run here. 여기에서 뛰지 마세요. B: All right. 알겠습니다.
능력 묻고 답하기	A: Can you skate? 너는 스케이트를 탈 수 있니? B: Yes, I can. 응, 탈 수 있어.
	A: Can you swim? 너는 수영할 수 있니? B: No, I can't. 아니, 못 해.
개인 정보 묻고 답하기	A: Do you like apples? 너는 사과를 좋아하니? B: Yes, I do. 응, 좋아해.
	A: How old are you? 너는 몇 살이니? B: I'm nine years old. 나는 아홉 살이야.
사실적 정보 묻고 답하기	A: What's this? 이것은 뭐야? B: It's a ball. 그것은 공이야.
	A: What color is it? 그것은 무슨 색이니? B: It's blue. 그것은 파란색이야.

감정 표현하기	A: Are you happy? 너는 행복하니? B: Yes. I'm so happy. 응. 나는 매우 행복해. A: Are you okay? 너는 괜찮니? B: No, I'm not. I'm so sad. 아니. 안 괜찮아. 나는 너무 슬퍼.
날씨 묻고 답하기	A: How's the weather? 날씨가 어때? B: It's snowing. 눈이 내리고 있어. A: How's the weather today? 오늘 날씨가 어때? B: It's cloudy. 구름 낀 흐린 날씨야.
장소와 위치 말하기	A: Where is my eraser? 나의 지우개가 어디 있지? B: It's under the chair. 그것은 의자 밑에 있어. A: Where is the bag? 그 가방은 어디에 있어? B: It's on the sofa. 그것은 소파 위에 있어.
물건의 소유 묻고 답하기	A: Is this your cap? 이것은 너의 모자니? B: Yes, it's mine. 맞아. 그것은 나의 것이야. A: How many pencils do you have? 너는 몇 자루의 연필을 가지고 있니? B: I have two pencils. 나는 연필이 두 자루 있어.
제안하기와 답하기	A: Let's play soccer. 축구하자. B: That sounds good. 좋은 생각이야. A: Let's play badminton. 배드민턴 치자. B: Okay. 그래.
동작 묻고 답하기	A: Do you get up early? 너는 일찍 일어나니? B: Yes. I always get up at 7. 응. 나는 항상 7시에 일어나. A: What are you doing? 너는 무엇을 하고 있니? B: I'm watching TV. 나는 TV를 보고 있어.
시각과 요일 묻고 답하기	A: What time is it now? 지금 몇 시야? B: It's 9 o'clock. 9시 정각이야. A: What day is it today? 오늘은 무슨 요일이니? B: It's Friday. 금요일이야.

차 례

초등 영어듣기평가 완벽대비를 위한 **학습 계획표**

나만의 학습 계획을 세워서 공부해 보세요!
아래 구성에 따라 계획을 세우면 초등 영어듣기평가 완벽대비 20일 완성!

학습 단원	학습 내용	학습 날짜 및 확인	학습 내용	학습 날짜 및 확인
Listen & Speak Up 1	WARM UP 어휘 예습 LISTEN UP 듣기평가 모의고사 문장 완성하기	월 일	JUMP UP 받아쓰기 FLY UP 대화 완성 받아쓰기 SPEAK UP 주요 표현 말하고 영작하기	월 일
Listen & Speak Up 2	WARM UP 어휘 예습 LISTEN UP 듣기평가 모의고사 문장 완성하기	월 일	JUMP UP 받아쓰기 FLY UP 대화 완성 받아쓰기 SPEAK UP 주요 표현 말하고 영작하기	월 일
Listen & Speak Up 3	WARM UP 어휘 예습 LISTEN UP 듣기평가 모의고사 문장 완성하기	월 일	JUMP UP 받아쓰기 FLY UP 대화 완성 받아쓰기 SPEAK UP 주요 표현 말하고 영작하기	월 일
Listen & Speak Up 4	WARM UP 어휘 예습 LISTEN UP 듣기평가 모의고사 문장 완성하기	월 일	JUMP UP 받아쓰기 FLY UP 대화 완성 받아쓰기 SPEAK UP 주요 표현 말하고 영작하기	월 일
Listen & Speak Up 5	WARM UP 어휘 예습 LISTEN UP 듣기평가 모의고사 문장 완성하기	월 일	JUMP UP 받아쓰기 FLY UP 대화 완성 받아쓰기 SPEAK UP 주요 표현 말하고 영작하기	월 일
Listen & Speak Up 6	WARM UP 어휘 예습 LISTEN UP 듣기평가 모의고사 문장 완성하기	월 일	JUMP UP 받아쓰기 FLY UP 대화 완성 받아쓰기 SPEAK UP 주요 표현 말하고 영작하기	월 일
Listen & Speak Up 7	WARM UP 어휘 예습 LISTEN UP 듣기평가 모의고사 문장 완성하기	월 일	JUMP UP 받아쓰기 FLY UP 대화 완성 받아쓰기 SPEAK UP 주요 표현 말하고 영작하기	월 일
Listen & Speak Up 8	WARM UP 어휘 예습 LISTEN UP 듣기평가 모의고사 문장 완성하기	월 일	JUMP UP 받아쓰기 FLY UP 대화 완성 받아쓰기 SPEAK UP 주요 표현 말하고 영작하기	월 일
Listen & Speak Up 9	WARM UP 어휘 예습 LISTEN UP 듣기평가 모의고사 문장 완성하기	월 일	JUMP UP 받아쓰기 FLY UP 대화 완성 받아쓰기 SPEAK UP 주요 표현 말하고 영작하기	월 일
Listen & Speak Up 10	WARM UP 어휘 예습 LISTEN UP 듣기평가 모의고사 문장 완성하기	월 일	JUMP UP 받아쓰기 FLY UP 대화 완성 받아쓰기 SPEAK UP 주요 표현 말하고 영작하기	월 일

It's time to listen and speak up!

Are you ready?

Listen & Speak Up 1

WARM UP

새로운 어휘들을 미리 공부해 볼까요?
아래의 각 단계를 따라가며 어휘의 소리와 의미를 차근차근 익혀 봐요!

| 정답과 해설 2쪽 |

	따라 말한 후 네모 박스에 체크!	STEP 1 듣고 따라 말하기	STEP 2 들으며 따라 쓰기	STEP 3 들으며 의미 쓰기
01	☐	book	book	
02	☐	chair	chair	
03	☐	cucumber	cucumber	
04	☐	like	like	
05	☐	purple	purple	
06	☐	weather	weather	
07	☐	sunny	sunny	
08	☐	colorful	colorful	
09	☐	umbrella	umbrella	
10	☐	help	help	

● MP3 파일을 잘 듣고, 물음에 답하세요.

01
▶ 241034-0001

다음을 듣고, 일치하는 알파벳을 고르시오.

① Dd

② Kk

③ Mm

④ Pp

02
▶ 241034-0002

다음을 듣고, 첫소리가 나머지와 <u>다른</u> 것을 고르시오.

①   ②   ③   ④

03
▶ 241034-0003

다음을 듣고, 빈칸에 들어갈 알맞은 알파벳을 고르시오.

□at

① b   ② c   ③ h   ④ m

04
▶ 241034-0004

다음을 듣고, 그림과 일치하는 단어를 고르시오.

①   ②   ③   ④

05

241034-0005

다음을 듣고, 색깔에 속하는 단어가 <u>아닌</u> 것을 고르시오.

①   ②   ③   ④

07

241034-0007

다음을 듣고, 남자아이가 좋아하는 인형을 가장 잘 나타낸 그림을 고르시오.

①    ②

③    ④

06

241034-0006

다음을 듣고, 광고지에서 찾을 수 <u>없는</u> 것을 고르시오.

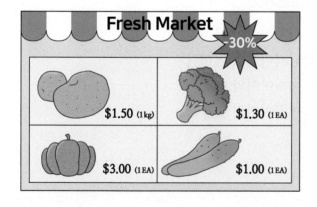

①   ②   ③   ④

08

241034-0008

대화를 듣고, 여자아이가 가지고 있는 물건과 그 개수가 바르게 짝지어진 것을 고르시오.

	물건	개수		물건	개수
①	모자	11	②	모자	12
③	로봇	11	④	로봇	12

09
▶ 241034-0009

다음을 듣고, 자연스럽지 <u>않은</u> 대화를 고르시오.

①   ②   ③   ④

10
▶ 241034-0010

대화를 듣고, 내일의 날씨를 가장 잘 나타낸 그림을 고르시오.

①   ②

③    ④

11
▶ 241034-0011

대화를 듣고, 두 사람이 대화를 나누는 장소를 고르시오.

① 놀이터   ② 바닷가
③ 동물원   ④ 미술관

12
▶ 241034-0012

대화를 듣고, 두 사람이 누구에 대해 이야기하고 있는지 고르시오.

① 남자아이의 아버지
② 남자아이의 어머니
③ 여자아이의 여동생
④ 여자아이의 남동생

13

▶ 241034-0013

다음을 듣고, 그림의 상황에서 동물원 직원이 여자아이에게 할 수 있는 알맞은 말을 고르시오.

①   ②   ③   ④

14

▶ 241034-0014

다음을 듣고, 질문에 이어질 응답으로 알맞은 것을 고르시오.

① I'm Amy.
② It's a bear.
③ It's yellow.
④ It's cloudy.

15

▶ 241034-0015

대화를 듣고, 마지막 질문에 이어질 응답으로 알맞은 것을 고르시오.

① It's small.
② It's brown.
③ It's raining.
④ It's a carrot.

Listen & Speak Up 1

● 우리말의 의미를 잘 생각한 후, 영어 문장을 완성해 볼까요?

STEP1 우리말을 읽고 영어 문장을 완성해요.   STEP2 듣고 나의 답을 확인해요.   STEP3 여러 번 듣고 큰 소리로 따라 말해요.

A 빈칸을 채워 영어 문장을 완성하세요.

01 내일 소풍 가자.

STEP1 Let's g_____ on a p_____ tomorrow.
STEP2 ☐ CORRECT   ☐ TRY AGAIN
STEP3 ☐ ONCE   ☐ TWICE   ☐ THREE TIMES

02 나는 내 우산을 찾고 있어.

STEP1 I'm looking for m_____ u_____ .
STEP2 ☐ CORRECT   ☐ TRY AGAIN
STEP3 ☐ ONCE   ☐ TWICE   ☐ THREE TIMES

B 주어진 단어들을 알맞게 배열하여 영어 문장을 완성하세요.

01 안녕, 내 이름은 John이라고 해.

STEP1 [name, John, hi, my, is] ➡ _____
STEP2 ☐ CORRECT   ☐ TRY AGAIN
STEP3 ☐ ONCE   ☐ TWICE   ☐ THREE TIMES

02 나는 이 화가가 정말 좋아.

STEP1 [really, artist, I, this, like] ➡ _____
STEP2 ☐ CORRECT   ☐ TRY AGAIN
STEP3 ☐ ONCE   ☐ TWICE   ☐ THREE TIMES

03 그녀는 내 여동생이야.

STEP1 [my, she, sister, is, younger] ➡ _____
STEP2 ☐ CORRECT   ☐ TRY AGAIN
STEP3 ☐ ONCE   ☐ TWICE   ☐ THREE TIMES

JUMP UP

| 정답과 해설 2쪽 |

● 아래 각 단계를 완료하고, 네모 박스에 체크하세요.

STEP 1 MP3 파일을 잘 듣고, 빈칸에 알맞은 단어를 써요.

STEP 2 한 번 더 듣고, 나의 답을 확인해요. 원어민의 목소리에 맞춰 크게 말해 봐요.

STEP 3 내 목소리를 녹음해서 원어민의 목소리와 비교해 봐요.

01 **STEP1**☐ W: _____   **STEP2**☐   **STEP3**☐

> 잘 듣고 소리에 알맞은
> 알파벳을 대문자와 소문자
> 모두 쓰세요.

02 **STEP1**☐ W: ① _____   **STEP2**☐   **STEP3**☐

     ② _____

     ③ _____

     ④ _____

03 **STEP1**☐ W: _____   **STEP2**☐   **STEP3**☐

04 **STEP1**☐ W: ① _____   **STEP2**☐   **STEP3**☐

     ② _____

     ③ _____

     ④ _____

05 **STEP1**☐ W: ① _____   **STEP2**☐   **STEP3**☐

     ② _____

     ③ _____

     ④ _____

06 STEP1☐ W: ① _____

STEP2☐   STEP3☐

② _____

③ _____

④ _____

07 STEP1☐ B: I like the _____ teddy _____.

STEP2☐   STEP3☐

08 STEP1☐ G: I have a lot of robots.

STEP2☐   STEP3☐

B: _____ _____ robots do you have?

G: _____ .

09 STEP1☐ ① G: Hello, I'm Jenna.

STEP2☐   STEP3☐

B: Hi, my _____ is Tom.

② G: What's this?

B: It's a _____ for you.

③ G: How's the weather?

B: I like snow.

④ G: Do you have a _____ ?

B: Yes, I do.

10 STEP1☐ B: Let's go on a _____ tomorrow.

STEP2☐   STEP3☐

G: Sounds great. Let's check the _____.

B: I checked it. It'll be _____ tomorrow.

G: Great!

> go on a picnic은 '소풍을 가다'라는 의미예요. picnic 대신 trip을 써서 go on a trip(여행 가다)으로도 활용해 보세요.

11 STEP1 ☐ G: Look, this painting is _____ .

STEP2 ☐   STEP3 ☐

B: Yeah, it's so _____ .

Me, too!는 '나도 그래.'라는 뜻으로, 상대방의 말에 동의할 때 쓸 수 있는 표현이에요.

G: I really _____ this artist.

B: Me, too!

G: Let's go see the painting by Picasso now!

12 STEP1 ☐ B: Is this your _____ photo?

STEP2 ☐   STEP3 ☐

G: Yes, it is.

B: Who is this little _____ ?

G: He's my younger _____ .

B: Oh he's very cute.

13 STEP1 ☐ W: ① Don't _____ that.

STEP2 ☐   STEP3 ☐

② Don't _____ here.

③ Please be _____ .

④ Stand in line, please.

14 STEP1 ☐ G: How's the _____ today?

STEP2 ☐   STEP3 ☐

15 STEP1 ☐ B: What are you doing?

STEP2 ☐   STEP3 ☐

G: I'm looking for my _____ .

색깔을 뜻하는 color는 영국 문화권에서는 colour로 쓰기도 한답니다.

B: I can _____ you. What _____ is it?

● 앞에서 만났던 중요 표현에 대해 자세히 알아볼까요?

01   Hello, I'm Jenna.

I'm은 I am을 줄여서 간단히 표현한 것으로 의미는 같아요. 이렇게 줄여서 표현하는 것을 '축약'이라고 한답니다. 앞으로 영어 문장들 속에서 자주 볼 수 있을 거예요.

의미가 같은 두 문장을 큰 소리로 말해 볼까요? 말해 본 후 네모 박스에 체크해 보세요.

I am Jenna. ☐ = I'm Jenna. ☐

다양한 예들을 살펴볼까요?

> ■ He is Tim. = He's Tim.   그는 Tim이야.
>
> ■ She is my friend = She's my friend.   그녀는 나의 친구예요.
>
> ■ It is an egg. = It's an egg.   그것은 달걀이야.

 질문할 때도 이렇게 자주 줄여 말하기도 해요. 큰 소리로 연습해 보세요!
What is this? = What's this?
How is the weather? = How's the weather?

02   How many robots do you have?

여러분은 로봇을 가지고 있나요? 그렇다면 몇 개를 가지고 있나요? 위 문장에 나온 robots를 함께 살펴볼까요? robot은 로봇 하나를 뜻하고, 이런 경우 '단수형'이라고 해요. 그런데 두 개 이상을 말할 때는 robot이 아닌 robots라고 써야 하고, 이것은 '복수형'이라고 한답니다. 두 개 이상의 물건, 또는 두 명 이상을 말할 때는 주로 단어 끝에 s를 붙여 '복수형'으로 표현한다는 것 꼭 기억하세요.

다양한 예들을 살펴볼까요?

> ■ I have two sisters.   나는 두 명의 여자 형제가 있어요.
>
> ■ We want five apples.   우리는 다섯 개의 사과를 원해요.
>
> ■ How many eggs do you have?   너는 몇 개의 달걀을 가지고 있니?

 상대방이 몇 개의 연필을 가지고 있는지 궁금하다면,
How many pencils do you have?라고 묻는다는 것도 기억하세요!
pencils 자리에 다른 단어들을 넣어서 활용해 보세요!

| 정답과 해설 5쪽 |

● MP3 파일을 잘 듣고, 다음 빈칸을 채워 대화를 완성해 보세요.

> A에는 B의 대답에 어울리는 질문이, B에는 A의 질문에 어울리는 대답이 들어갈 거예요. A와 B가 어떠한 대화를 나누게 될까요?

01 A: **What's that?** 　　　　　　저건 뭐예요?

　　 B: It's a doll. 　　　　　　그것은 인형이에요.

02 A: How's the weather today? 　　오늘 날씨가 어때요?

　　 B: _____ 　　　　_____

03 A: _____ 　　　　_____

　　 B: It's green. 　　　　　　그것은 초록색이에요.

04 A: Who is this boy? 　　　　이 남자아이는 누구예요?

　　 B: _____ 　　　　_____

05 A: _____ 　　　　_____

　　 B: I'm looking for my umbrella. 　나는 내 우산을 찾고 있어.

Listen & Speak Up 1

 **SPEAK UP**

| 정답과 해설 5쪽 |

● **주어진 우리말 의미에 맞게 영어로 말해 보세요.**

STEP1 우리말을 읽고 영어로 말해 봐요. 말한 뒤에는 네모 박스에 체크해요.

STEP2 주어진 단어들을 알맞게 배열하여 문장을 완성해요.

01 나는 눈을 좋아해요. [snow, I, like]

STEP1 ☐

STEP2 _____

02 내 이름은 지우예요. [name, is, my, Jiu]

STEP1 ☐

STEP2 _____

03 조용히 해 주세요. [quiet, please, be]

STEP1 ☐

STEP2 _____

04 그는 정말 귀여워요. [very, he, cute, is]

STEP1 ☐

STEP2 _____

05 내 여동생은 키가 커요. [is, tall, younger sister, my]

STEP1 ☐

STEP2 _____

06 날씨를 확인해 보자. [the, let's, weather, check]

STEP1 ☐

STEP2 _____

07 너는 로봇을 얼마나 많이 가지고 있니? [do, how, have, robots, many, you]

STEP1 ☐

STEP2 _____

Listen & Speak Up 2

WARM UP

새로운 어휘들을 미리 공부해 볼까요?
아래의 각 단계를 따라가며 어휘의 소리와 의미를 차근차근 익혀 봐요!

| 정답과 해설 6쪽 |

	따라 말한 후 네모 박스에 체크!	STEP 1 듣고 따라 말하기	STEP 2 들으며 따라 쓰기	STEP 3 들으며 의미 쓰기
01	☐	letter	letter	
02	☐	snake	snake	
03	☐	scissors	scissors	
04	☐	sad	sad	
05	☐	small	small	
06	☐	desk	desk	
07	☐	space	space	
08	☐	have	have	
09	☐	gift	gift	
10	☐	close	close	

● MP3 파일을 잘 듣고, 물음에 답하세요.

01

▶ 241034-0016

다음을 듣고, 일치하는 알파벳을 고르 시오.

①

②

③

④

02

▶ 241034-0017

다음을 듣고, 첫소리가 나머지와 <u>다른</u> 것을 고르시오.

①   ②   ③   ④

03

▶ 241034-0018

다음을 듣고, 빈칸에 들어갈 알맞은 알파벳을 고르시오.

□ide

① h   ② r   ③ s   ④ t

04

▶ 241034-0019

다음을 듣고, 그림과 일치하는 단어를 고르시오.

①   ②   ③   ④

05
241034-0020

다음을 듣고, 동물에 속하는 단어가 <u>아닌</u> 것을 고르시오.

①   ②   ③   ④

07
241034-0022

다음을 듣고, 남자아이의 상태를 가장 잘 나타낸 그림을 고르시오.

①    ②

③    ④

06
241034-0021

다음을 듣고, 필통 속에서 찾을 수 있는 것을 고르시오.

①   ②   ③   ④

08
241034-0023

대화를 듣고, 여자아이의 반려동물과 나이가 바르게 짝지어진 것을 고르시오.

	반려동물	나이		반려동물	나이
①	강아지	9개월	②	강아지	10개월
③	햄스터	9개월	④	햄스터	10개월

09

▶ 241034-0024

다음을 듣고, 자연스럽지 <u>않은</u> 대화를 고르시오.

①   ②   ③   ④

11

▶ 241034-0026

대화를 듣고, 남자아이가 좋아하는 활동을 고르시오.

① 축구 경기   ② 책 읽기

③ 음악 감상   ④ 그림 그리기

10

▶ 241034-0025

대화를 듣고, 주원이가 찾는 것과 그 위치가 알맞은 그림을 고르시오.

①    ②

③    ④

12

▶ 241034-0027

대화를 듣고, 여자아이가 받은 생일 선물을 고르시오.

① 가방   ② 구두

③ 시계   ④ 인형

13

▶ 241034-0028

다음을 듣고, 그림의 상황에서 엄마가 남자아이에게 할 수 있는 알맞은 말을 고르시오.

①　　　　②　　　　③　　　　④

14

▶ 241034-0029

다음을 듣고, 질문에 이어질 응답으로 알맞은 것을 고르시오.

① She is cute.
② She has a box.
③ She is my aunt.
④ She likes pizza.

15

▶ 241034-0030

대화를 듣고, 마지막 질문에 이어질 응답으로 알맞은 것을 고르시오.

① I'm Emma.
② I can skate.
③ I have a pen.
④ I'm cooking now.

● 우리말의 의미를 잘 생각한 후, 영어 문장을 완성해 볼까요?

STEP1 우리말을 읽고 영어 문장을 완성해요.   STEP2 듣고 나의 답을 확인해요.   STEP3 여러 번 듣고 큰 소리로 따라 말해요.

A 빈칸을 채워 영어 문장을 완성하세요.

01 내가 가장 좋아하는 인형을 잃어버렸어요.

STEP1 I lost my f_____ d_____.

STEP2 ☐ CORRECT   ☐ TRY AGAIN

STEP3 ☐ ONCE   ☐ TWICE   ☐ THREE TIMES

02 저도 만나서 반가워요!

STEP1 N_____ to m_____ you, too!

STEP2 ☐ CORRECT   ☐ TRY AGAIN

STEP3 ☐ ONCE   ☐ TWICE   ☐ THREE TIMES

B 주어진 단어들을 알맞게 배열하여 영어 문장을 완성하세요.

01 수영할 수 있나요?

STEP1 [swim, can, you]   ➡ _____

STEP2 ☐ CORRECT   ☐ TRY AGAIN

STEP3 ☐ ONCE   ☐ TWICE   ☐ THREE TIMES

02 너의 형은 어디에 있니?

STEP1 [your, brother, is, where]   ➡ _____

STEP2 ☐ CORRECT   ☐ TRY AGAIN

STEP3 ☐ ONCE   ☐ TWICE   ☐ THREE TIMES

03 당신은 무엇을 하고 있나요?

STEP1 [doing, what, you, are]   ➡ _____

STEP2 ☐ CORRECT   ☐ TRY AGAIN

STEP3 ☐ ONCE   ☐ TWICE   ☐ THREE TIMES

JUMP UP

| 정답과 해설 6쪽 |

● **아래 각 단계를 완료하고, 네모 박스에 체크하세요.**

STEP 1 MP3 파일을 잘 듣고, 빈칸에 알맞은 단어를 써요.

STEP 2 한 번 더 듣고, 나의 답을 확인해요. 원어민의 목소리에 맞춰 크게 말해 봐요.

STEP 3 내 목소리를 녹음해서 원어민의 목소리와 비교해 봐요.

01 STEP 1 ☐ W: _____   STEP 2 ☐   STEP 3 ☐

> 잘 듣고 소리에 알맞은
> 알파벳을 대문자와 소문자
> 모두 쓰세요.

02 STEP 1 ☐ W: ① _____   STEP 2 ☐   STEP 3 ☐
② _____
③ _____
④ _____

03 STEP 1 ☐ W: _____   STEP 2 ☐   STEP 3 ☐

04 STEP 1 ☐ W: ① _____   STEP 2 ☐   STEP 3 ☐
② _____
③ _____
④ _____

05 STEP 1 ☐ W: ① _____   STEP 2 ☐   STEP 3 ☐
② _____
③ _____
④ _____

06 STEP1 ☐ W: ① _____ STEP2 ☐   STEP3 ☐

② _____

③ _____

④ _____

07 STEP1 ☐ B: I lost my favorite _____. STEP2 ☐   STEP3 ☐

I'm _____ now.

> favorite은 '가장[매우] 좋아하는' 것을 표현할 때 사용하는 단어로, 영국 문화권에서는 favourite으로 쓰기도 해요.

08 STEP1 ☐ G: Look! This is my _____, Macy. STEP2 ☐   STEP3 ☐

B: She's so _____. How old is she?

G: She's _____ months old.

> 요즘은 동물을 대명사로 나타내는 경우에, it으로 쓰는 것 뿐만 아니라 he 또는 she로 나타내기도 한답니다.

09 STEP1 ☐ ① G: Nice to _____ you. STEP2 ☐   STEP3 ☐

B: Nice to meet you, too.

② G: Thank you.

B: I'm sorry.

③ G: Do you have _____?

B: Yes, I do.

④ G: Can you _____?

B: Of course, I can.

10 STEP1 ☐ G: Hi, Juwon. What are you looking for? STEP2 ☐   STEP3 ☐

B: My _____. I can't see it anywhere.

G: Over there! It's _____ the _____.

B: Oh, there it is! Thank you.

11 STEP1 □ G: Wow, you _____ a lot of books.   STEP2 □   STEP3 □

B: Yeah, I like reading books.

G: Do you have _____ s about _____ ?

B: Yes, I do.

12 STEP1 □ B: What are you _____ at?   STEP2 □   STEP3 □

G: I'm looking at my birthday _____ .

B: What is it?

G: It's a _____ .

look at은 무언가에 초점을 맞추어 바라볼 때 쓰는 표현이에요. 이와 달리 see는 눈을 뜨고 있어서 무언가가 보이거나, 시력을 통해 무의식적으로 무언가를 보고 알게 되는 것을 뜻한답니다.

13 STEP1 □ W: ① Can you line up, please?   STEP2 □   STEP3 □

② Can you _____ up, please?

③ Can you _____ the door, please?

④ Can you _____ the door, please?

14 STEP1 □ G: Who is _____ ?   STEP2 □   STEP3 □

15 STEP1 □ B: Mom, I'm home. _____ are you?   STEP2 □   STEP3 □

W: I'm in the _____ .

B: _____ are you doing?

● 앞에서 만났던 중요 표현에 대해 자세히 알아볼까요?

01 Do you have scissors?

scissors는 가위를 의미해요. 가위는 두 개의 날을 함께 움직여서, 무언가를 오려 내거나 자를 수 있다는 걸 알고 있나요? 그렇기 때문에 가위의 두 개의 날은 항상 함께 짝을 지어 붙어 있어요. 그래서 우리는 단어에 미리 s를 붙여서 scissors로 사용한답니다. 앞으로 가위를 사용할 때는 두 개의 날을 꼭 기억하세요.

scissors처럼 주로 복수형으로 사용하는 단어들을 만나 볼까요?

- **glasses** 안경
- **jeans** 청바지
- **gloves** 장갑
- **socks** 양말
- **shoes** 신발
- **boots** 장화

 예를 들어 안경에 알이 하나뿐이라면 제대로 볼 수 없겠죠?
이렇듯, 위 단어들도 scissors처럼 두 개의 것이 짝을 이루어 하나의 역할을 하기 때문에 주로 복수형으로 사용한답니다.

02 Can you swim?

여러분은 어떠한 것들을 할 수 있나요? 나는 스케이트를 탈 수 있지만 수영을 못할 수도 있고, 친구는 수영할 수 있지만 스케이트는 못 탈 수도 있겠죠? 이렇듯 사람마다 각자 할 수 있는 것과 할 수 없는 것들이 다르답니다. 내가 수영하는 것을 좋아해서 친구와 함께 수영하러 가고 싶다면 친구에게 수영할 수 있는지 물어봐야 되겠죠? 이럴 때, Can you swim? 하고 질문하면 된답니다.

아래 대화를 읽어 보면서 연습해 볼까요?

- A: Can you ski? 너는 스키 탈 수 있니?
  B: Yes, I can. 응, 탈 수 있어.
- A: Can you play the piano? 너는 피아노 연주할 수 있어?
  B: No, I can't. 아니, 못 해.

 Can you ~?라는 물음에,
할 수 있다고 답한다면 Yes, I can,
할 수 없다고 답한다면 No, I can't,라고 말해 보세요!

FLY UP

| 정답과 해설 9쪽 |

● MP3 파일을 잘 듣고, 다음 빈칸을 채워 대화를 완성해 보세요.

A에는 B의 대답에 어울리는 질문이, B에는 A의 질문에 어울리는 대답이 들어갈 거예요. A와 B가 어떠한 대화를 나누게 될까요?

01 A: **How old is he?**   그는 몇 살인가요?

   B: He's seven months old.   그는 7개월이에요.

02 A: What are you doing?   당신은 지금 뭐 하고 있나요?

   B: _____   _____

03 A: _____   _____

   B: She is my friend.   그녀는 내 친구예요.

04 A: Where are you?   너는 어디에 있니?

   B: _____   _____

05 A: _____   _____

   B: I'm looking at my doll.   나는 내 인형을 보고 있어.

● 주어진 우리말 의미에 맞게 영어로 말해 보세요.

STEP1 우리말을 읽고 영어로 말해 봐요. 말한 뒤에는 네모 박스에 체크해요.

STEP2 주어진 단어들을 알맞게 배열하여 문장을 완성해요.

01 그는 누구인가요? [is, he, who]

STEP1 ☐

STEP2 _____

02 이것은 내 고양이예요. [cat, this, my, is]

STEP1 ☐

STEP2 _____

03 나는 지금 행복해요. [now, I, happy, am]

STEP1 ☐

STEP2 _____

04 만나서 반가워요. [to, nice, meet, you]

STEP1 ☐

STEP2 _____

05 그것은 책상 아래에 있어요. [is / under / it / desk / the]

STEP1 ☐

STEP2 _____

06 나는 책 읽는 것을 좋아해요. [like / I / books / reading]

STEP1 ☐

STEP2 _____

07 문 좀 닫아 주세요. [door, close, please, the]

STEP1 ☐

STEP2 _____

Listen & Speak Up 3

새로운 어휘들을 미리 공부해 볼까요?
아래의 각 단계를 따라가며 어휘의 소리와 의미를 차근차근 익혀 봐요!

| 정답과 해설 10쪽 |

	따라 말한 후 네모 박스에 체크!	**STEP 1** 듣고 따라 말하기	**STEP 2** 들으며 따라 쓰기	**STEP 3** 들으며 의미 쓰기
01	☐	soap	soap	
02	☐	doctor	doctor	
03	☐	tired	tired	
04	☐	rest	rest	
05	☐	dinosaur	dinosaur	
06	☐	swimmer	swimmer	
07	☐	butterfly	butterfly	
08	☐	eat	eat	
09	☐	know	know	
10	☐	really	really	

● MP3 파일을 잘 듣고, 물음에 답하세요.

01 ▶ 241034-0031

다음을 듣고, 일치하는 알파벳을 고르 시오.

① **F f**

② **H h**

③ **N n**

④ **T t**

02 ▶ 241034-0032

다음을 듣고, 첫소리가 나머지와 <u>다른</u> 것을 고르시오.

①   ②   ③   ④

03 ▶ 241034-0033

다음을 듣고, 빈칸에 들어갈 알맞은 알파벳을 고르시오.

 □and

① b   ② h   ③ l   ④ s

04 ▶ 241034-0034

다음을 듣고, 그림과 일치하는 단어를 고르시오.

①   ②   ③   ④

05

241034-0035

다음을 듣고, 가족에 속하는 단어가 <u>아닌</u> 것을 고르시오.

①   ②   ③   ④

07

241034-0037

다음을 듣고, 여자아이가 완성할 그림을 가장 잘 나타낸 것을 고르시오.

①

②

③

④

06

241034-0036

다음을 듣고, 옷장 안에서 찾을 수 <u>없는</u> 것을 고르시오.

①   ②   ③   ④

08

241034-0038

대화를 듣고, 남자아이가 읽은 책들의 소재와 그 권수가 바르게 짝지어진 것을 고르시오.

	소재	권수		소재	권수
①	역사	12	②	역사	13
③	공룡	12	④	공룡	13

Listen & Speak Up 3

09
▶ 241034-0039

다음을 듣고, 자연스럽지 <u>않은</u> 대화를 고르시오.

①   ②   ③   ④

11
▶ 241034-0041

대화를 듣고, 두 사람이 오늘 오후에 할 일을 고르시오.

① 병원 가기   ② 영화 보기

③ 요리하기   ④ 숙제하기

10
▶ 241034-0040

대화를 듣고, 남자아이의 상태를 가장 잘 나타낸 그림을 고르시오.

①   ②

③    ④

12
▶ 241034-0042

대화를 듣고, 여자아이가 잘하는 것을 고르시오.

① 춤   ② 노래

③ 달리기   ④ 수영

13

241034-0043

다음을 듣고, 그림의 상황에서 여자아이에게 할 수 있는 알맞은 말을 고르시오.

①   ②   ③   ④

14

241034-0044

다음을 듣고, 질문에 이어질 응답으로 알맞은 것을 고르시오.

① I like spaghetti.
② He is my uncle.
③ It's windy today.
④ That's my pencil case.

15

241034-0045

대화를 듣고, 마지막 질문에 이어질 응답으로 알맞은 것을 고르시오.

① This is my piano.
② It's time to go home.
③ I like playing the piano.
④ She is my music teacher.

● 우리말의 의미를 잘 생각한 후, 영어 문장을 완성해 볼까요?

STEP1 우리말을 읽고 영어 문장을 완성해요.　　STEP2 듣고 나의 답을 확인해요.　　STEP3 여러 번 듣고 큰 소리로 따라 말해요.

A 빈칸을 채워 영어 문장을 완성하세요.

01 저는 열두 권의 책을 읽었어요.

STEP1 I read t_____ b_____s.

STEP2 ☐ CORRECT　　☐ TRY AGAIN

STEP3 ☐ ONCE　　☐ TWICE　　☐ THREE TIMES

02 피자 좋아하나요?

STEP1 Do you l_____ p_____?

STEP2 ☐ CORRECT　　☐ TRY AGAIN

STEP3 ☐ ONCE　　☐ TWICE　　☐ THREE TIMES

B 주어진 단어들을 알맞게 배열하여 영어 문장을 완성하세요.

01 나 저 사람 알아.

STEP1 [person, I, that, know]　➡ _____

STEP2 ☐ CORRECT　　☐ TRY AGAIN

STEP3 ☐ ONCE　　☐ TWICE　　☐ THREE TIMES

02 나는 지금 매우 피곤해.

STEP1 [now, I, tired, so, am]　➡ _____

STEP2 ☐ CORRECT　　☐ TRY AGAIN

STEP3 ☐ ONCE　　☐ TWICE　　☐ THREE TIMES

03 나는 야구 선수가 되고 싶어.

STEP1 [baseball player, want, I, a, be, to]　➡ _____

STEP2 ☐ CORRECT　　☐ TRY AGAIN

STEP3 ☐ ONCE　　☐ TWICE　　☐ THREE TIMES

JUMP UP

| 정답과 해설 10쪽 |

● **아래 각 단계를 완료하고, 네모 박스에 체크하세요.**

STEP 1 MP3 파일을 잘 듣고, 빈칸에 알맞은 단어를 써요.

STEP 2 한 번 더 듣고, 나의 답을 확인해요. 원어민의 목소리에 맞춰 크게 말해 봐요.

STEP 3 내 목소리를 녹음해서 원어민의 목소리와 비교해 봐요.

01 STEP1 ☐ W: _____ STEP2 ☐ STEP3 ☐

잘 듣고 소리에 알맞은
알파벳을 대문자와 소문자
모두 쓰세요.

02 STEP1 ☐ W: ① _____ STEP2 ☐ STEP3 ☐

② _____

③ _____

④ _____

03 STEP1 ☐ W: _____ STEP2 ☐ STEP3 ☐

04 STEP1 ☐ W: ① _____ STEP2 ☐ STEP3 ☐

② _____

③ _____

④ _____

05 STEP1 ☐ W: ① _____ STEP2 ☐ STEP3 ☐

② _____

③ _____

④ _____

Listen & Speak Up 3

06 STEP1☐ W: ① _____
STEP2☐   STEP3☐

② _____

③ _____

④ _____

07 STEP1☐ G: I'm painting a _____ butterfly and a blue
STEP2☐   STEP3☐

_____ .

08 STEP1☐ B: I read a lot of books _____ dinosaurs.
STEP2☐   STEP3☐

G: How _____ books did you read?

B: I read _____ books.

09 STEP1☐ ① G: I'm sorry.
STEP2☐   STEP3☐

B: That's okay.

② G: What day is it today?

B: It's _____ .

③ G: Do you like chicken?

B: I can dance.

④ G: What _____ is it?

B: It's _____ .

10 STEP1☐ G: What did you do yesterday?
STEP2☐   STEP3☐

B: I played _____ all day long.

I'm so _____ now.

G: Get some _____ .

> all day long은 '하루 종일', '온종일'을 뜻하는 표현이에요.

11 STEP1☐ G: Do you _____ any plans for this afternoon? STEP2☐　STEP3☐

B: No, I don't.

G: How about going to see a _____ with me?

B: Great! What time should we meet?

G: Let's _____ at 2 o'clock.

this afternoon에서의 this는 '이것' 이라는 뜻보다는 '이번'이라는 의미로 쓰여요. 따라서 '이번 오후', 즉, '오늘 오후'라는 뜻이 된답니다. 마찬가지로 오늘 아침은 this morning, 오늘 저녁은 this evening으로 표현한답니다.

12 STEP1☐ G: How about going to the swimming pool? STEP2☐　STEP3☐

B: Sorry, I can't swim. Can you _____ well?

G: Yes, I can. I _____ to be a _____ .

B: Wow, that's cool.

13 STEP1☐ W: ① _____ the door! STEP2☐　STEP3☐

② _____ me, please!

③ _____ out!

④ Call me now.

14 STEP1☐ G: What do you _____ to eat? STEP2☐　STEP3☐

15 STEP1☐ B: Look over there! Someone is playing the piano. STEP2☐　STEP3☐

G: Ah, I _____ her.

B: Really? _____ is she?

● 앞에서 만났던 중요 표현에 대해 자세히 알아볼까요?

01 What color is it?

우리 주변을 돌아보면 다양한 색들로 가득합니다. 물건을 고르거나 살 때, 또는 그림을 그릴 때도 우리는 어떤 색이 좋을지 생각해 봅니다. 만약, 어떤 물건에 대해 그것이 어떤 색인지 물어보고 싶다면 What color is it? 하고 물어보면 된답니다.

아래 대화를 읽어 보면서 연습해 볼까요?

■ A: What color is it? 그것은 무슨 색이야?

B: It's green. 그것은 초록색이야.

■ A: What color are they? 그것들은 무슨 색이야?

B: They're yellow. 그것들은 노란색이야.

 두 개 이상의 물건에 대한 색을 물어볼 때는, What color are they?라고 묻고, 대답도 They're로 시작한다는 것을 잊지 마세요!

02 It's sunny.

아침에 일어나면 날씨를 확인하게 되죠? 맑은 날도 있고, 비 오는 날도 있어요. 여러분은 어떤 날씨가 가장 좋은가요? 이렇게 우리는 날씨에 대해 자주 묻고 답하기도 합니다. 누군가가 날씨에 대해서 물었을 때, 또는 누가 묻지 않아도 날씨에 대해 말하고 싶은 경우 어떻게 표현하면 될까요? 날씨라는 의미의 단어 weather을 사용할 수도 있지만, 가장 쉽고 간단한 방법으로 it's를 사용하면 됩니다.

다양한 예들을 살펴볼까요?

■ It's sunny. 맑고 화창해요.

■ It's cloudy. 흐린 날이에요.

■ It's raining. 비가 오고 있어요.

■ It's cold. 추워요.

 날씨를 물을 때에는 How's the weather?이라고 묻는 것도 꼭 기억하세요!

● MP3 파일을 잘 듣고, 다음 빈칸을 채워 대화를 완성해 보세요.

 A에는 B의 대답에 어울리는 질문이, B에는 A의 질문에 어울리는 대답이 들어갈 거예요. A와 B가 어떠한 대화를 나누게 될까요?

01 A: **What do you like to eat?**   뭐 먹는 걸 좋아하나요?

     B: I like chicken.   나는 치킨을 좋아해요.

02 A: What color is it?   그것은 무슨 색이에요?

     B: _____   _____

03 A: _____   _____

     B: Let's meet at the ice cream store.   아이스크림 가게에서 만나자.

04 A: Who is he?   그는 누구인가요?

     B: _____   _____

05 A: _____   _____

     B: I did my homework.   나는 숙제를 했어.

SPEAK UP

| 정답과 해설 14쪽 |

● **주어진 우리말 의미에 맞게 영어로 말해 보세요.**

STEP 1 우리말을 읽고 영어로 말해 봐요. 말한 뒤에는 네모 박스에 체크해요.

STEP 2 주어진 단어들을 알맞게 배열하여 문장을 완성해요.

01 나는 춤출 수 있어요. [dance, I, can]

STEP 1 ☐

STEP 2 _____

02 좀 쉬어요. [some, get, rest]

STEP 1 ☐

STEP 2 _____

03 너는 케이크를 좋아하니? [you, like, cake, do]

STEP 1 ☐

STEP 2 _____

04 조심해! [out, watch]

STEP 1 ☐

STEP 2 _____

05 저기 보세요! [over, look, there]

STEP 1 ☐

STEP 2 _____

06 오늘이 무슨 요일인가요? [it, today, what, day, is]

STEP 1 ☐

STEP 2 _____

07 나는 꽃을 그리고 있어요. [a, I'm, drawing, flower]

STEP 1 ☐

STEP 2 _____

Listen & Speak Up 4

WARM UP

새로운 어휘들을 미리 공부해 볼까요?
아래의 각 단계를 따라가며 어휘의 소리와 의미를 차근차근 익혀 봐요!

	따라 말한 후 네모 박스에 체크!	STEP 1 듣고 따라 말하기	STEP 2 들으며 따라 쓰기	STEP 3 들으며 의미 쓰기
01	☐	mine	mine	
02	☐	earth	earth	
03	☐	robot	robot	
04	☐	whose	whose	
05	☐	borrow	borrow	
06	☐	subway	subway	
07	☐	future	future	
08	☐	famous	famous	
09	☐	take	take	
10	☐	need	need	

● MP3 파일을 잘 듣고, 물음에 답하세요.

01
241034-0046

다음을 듣고, 첫소리가 나머지와 <u>다른</u> 것을 고르시오.

①   ②   ③   ④

02
241034-0047

다음을 듣고, 들려주는 단어의 첫소리와 같은 소리로 시작하는 것을 고르시오.

①   ②

③    ④

03
241034-0048

다음을 듣고, 빈칸에 들어갈 알맞은 알파벳을 고르시오.

□ine

① l   ② m   ③ n   ④ p

04
241034-0049

다음을 듣고, 그림과 일치하는 단어를 고르시오.

①   ②   ③   ④

05

241034-0050

다음을 듣고, 의류에 속하는 단어가 <u>아닌</u> 것을 고르시오.

①   ②   ③   ④

07

241034-0052

다음을 듣고, 여자아이가 가지고 있는 필통을 가장 잘 나타낸 그림을 고르시오.

①    ②

③   ④

06

241034-0051

다음을 듣고, 공원에서 찾을 수 <u>없는</u> 것을 고르시오.

①   ②   ③   ④

08

241034-0053

대화를 듣고, 남자아이가 살 로봇의 개수와 지불할 금액이 바르게 짝지어진 것을 고르시오.

	개수	금액		개수	금액
①	1	$5	②	2	$10
③	3	$15	④	4	$20

Listen & Speak Up 4

09

▶ 241034-0054

다음을 듣고, 자연스럽지 <u>않은</u> 대화를 고르시오.

①   ②   ③   ④

11

▶ 241034-0056

대화를 듣고, 두 사람이 이용할 교통수단을 고르시오.

① 버스   ② 택시

③ 지하철   ④ 자전거

10

▶ 241034-0055

대화를 듣고, 여자아이가 빌려달라고 하는 물건을 가장 잘 나타낸 그림을 고르시오.

①   ②

③   ④

12

▶ 241034-0057

대화를 듣고, 남자아이의 장래희망을 고르시오.

① 가수   ② 교사

③ 의사   ④ 작가

13

다음을 듣고, 그림의 상황에서 엄마가 남자아이에게 할 수 있는 알맞은 말을 고르시오.

①   ②   ③   ④

14

다음을 듣고, 질문에 이어질 응답으로 알맞은 것을 고르시오.

① It's not bad.
② It's on the bed.
③ Is this your pencil?
④ I don't like my T-shirt.

15

대화를 듣고, 마지막 질문에 이어질 응답으로 알맞은 것을 고르시오.

① He is happy.
② He needs a new cap.
③ He's reading a book.
④ He likes watching TV.

| 정답과 해설 15쪽 |

● 우리말의 의미를 잘 생각한 후, 영어 문장을 완성해 볼까요?

STEP 1 우리말을 읽고 영어 문장을 완성해요.　　**STEP 2** 듣고 나의 답을 확인해요.　　**STEP 3** 여러 번 듣고 큰 소리로 따라 말해요.

A 빈칸을 채워 영어 문장을 완성하세요.

01 내가 너의 지우개를 빌릴 수 있을까?

STEP 1 Can I b_____ your e_____?
STEP 2 ☐ CORRECT　　　☐ TRY AGAIN
STEP 3 ☐ ONCE　　　☐ TWICE　　　☐ THREE TIMES

02 우리 버스 타자.

STEP 1 Let's t_____ a b_____.
STEP 2 ☐ CORRECT　　　☐ TRY AGAIN
STEP 3 ☐ ONCE　　　☐ TWICE　　　☐ THREE TIMES

B 주어진 단어들을 알맞게 배열하여 영어 문장을 완성하세요.

01 나는 이것을 살 거예요.

STEP 1 [this, take, will, I]　➡　_____
STEP 2 ☐ CORRECT　　　☐ TRY AGAIN
STEP 3 ☐ ONCE　　　☐ TWICE　　　☐ THREE TIMES

02 이 가방을 챙겨 가!

STEP 1 [this, take, bag]　➡　_____
STEP 2 ☐ CORRECT　　　☐ TRY AGAIN
STEP 3 ☐ ONCE　　　☐ TWICE　　　☐ THREE TIMES

03 그는 도서관에 있어.

STEP 1 [library, in, he, the, is]　➡　_____
STEP 2 ☐ CORRECT　　　☐ TRY AGAIN
STEP 3 ☐ ONCE　　　☐ TWICE　　　☐ THREE TIMES

● 아래 각 단계를 완료하고, 네모 박스에 체크하세요.

STEP1 MP3 파일을 잘 듣고, 빈칸에 알맞은 단어를 써요.

STEP2 한 번 더 듣고, 나의 답을 확인해요. 원어민의 목소리에 맞춰 크게 말해 봐요.

STEP3 내 목소리를 녹음해서 원어민의 목소리와 비교해 봐요.

01 STEP1 ☐ W: ① _____   STEP2 ☐   STEP3 ☐

② _____

③ _____

④ _____

02 STEP1 ☐ W: _____   STEP2 ☐   STEP3 ☐

① _____

② _____

③ _____

④ _____

03 STEP1 ☐ W: _____   STEP2 ☐   STEP3 ☐

04 STEP1 ☐ W: ① _____   STEP2 ☐   STEP3 ☐

② _____

③ _____

④ _____

05 STEP1 ☐ W: ① _____   STEP2 ☐   STEP3 ☐

② _____

③ _____

④ _____

Listen & Speak Up 4

06 STEP1☐ W: ① _____

② _____

③ _____

④ _____

STEP2☐   STEP3☐

07 STEP1☐ G: I _____ a new pencil case.

It's _____.

STEP2☐   STEP3☐

08 STEP1☐ B: I want this robot. How _____ is it?

W: It's _____ dollars.

B: I'll take _____. Here's fifteen dollars.

STEP2☐   STEP3☐

미국은 화폐(돈) 단위로 dollar(달러), 영국은 pound(파운드), 우리나라는 won(원)을 쓴답니다!

09 STEP1☐ ① G: What's this?

B: It's my new _____.

② G: Whose bag is this?

B: I don't have a book.

③ G: How _____ are you?

B: I'm 143 centimeters tall.

④ G: How many brothers do you have?

B: I have two _____s.

STEP2☐   STEP3☐

길이의 단위인 '센티미터'는 centimeter 뿐 아니라 centimetre라고 쓰기도 해요. centimeter는 미국식, centimetre는 영국식 철자 표기예요. 기호로는 cm이라고 동일하게 표현한답니다.

10 STEP1☐ G: Jun, can I _____ your eraser?

B: Of course. Here _____ is.

G: _____.

STEP2☐   STEP3☐

11 STEP1 □ B: Mom, _____ do we go to Green Park? STEP2 □ STEP3 □

W: We can take a _____ or subway.

B: I like the subway.

W: Okay, let's _____ the subway.

subway는 일반적으로 '지하철'을 의미하지만 영국에서는 '지하도'의 의미로 사용해요.

12 STEP1 □ B: What do you want to be in the _____? STEP2 □ STEP3 □

G: I want to be a teacher. How _____ you?

B: I want to be a famous _____.

G: Great!

13 STEP1 □ W: ① Take this _____! STEP2 □ STEP3 □

② Take this _____!

③ Take these _____!

④ Take this umbrella!

14 STEP1 □ B: Where's my brown _____? STEP2 □ STEP3 □

15 STEP1 □ W: Where is your _____? STEP2 □ STEP3 □

B: He's in the _____ room.

W: What is he _____?

● 앞에서 만났던 중요 표현에 대해 자세히 알아볼까요?

01 Where's my brown cap?

가끔씩 물건을 어디에 두었는지 모를 때가 있죠? 이럴 때 우리는 where이라는 단어를 이용해서 그것이 어디에 있는지 물어볼 수 있답니다. 나의 갈색 모자가 어디에 있을지 궁금하다면, Where's my brown cap? 이렇게 물어보는 거죠.

아래 대화를 읽어 보면서 연습해 볼까요?

■ A: Where's the book? 그 책은 어디에 있어?

B: It's on the sofa. 그것은 소파 위에 있어.

■ A: Where is Mom? 엄마는 어디에 있지?

B: She's in the kitchen. 엄마는 부엌에 계세요.

 Where is ~? 또는 Where are ~?로 물어본다면,
on, in, under 등과 같은 단어를 이용하여 위치, 장소를 말해 줘야 한답니다.

02 Whose bag is this?

whose는 물어보는 문장에서 '누구의'라는 의미를 가져요. 만약 여러분의 책상 위에 내 것이 아닌 처음 보는 가방이 놓여 있다면 뭐라고 할 수 있을까요? '이것은 누구의 가방이야?'라고 물건의 주인이 누구인지 물어봐야 하겠죠? 이럴 때 Whose bag is this?라고 물으면 된답니다. 가방뿐 아니라, 다양한 단어들을 whose 뒤에 써서 활용하면 좋답니다.

다양한 단어들을 이용해서 연습해 볼까요?

■ Whose car is this? 이것은 누구의 자동차야?

■ Whose cell phone is that? 저것은 누구의 휴대 전화야?

■ Whose notebooks are these? 이것들은 누구의 공책들이지?

 누군가 위 문장들을 나에게 물었을 때, 만약 '나의 것이야.'라고 말하고 싶다면
It's mine. 또는 They're mine. 이렇게 답해 보세요!

FLY UP

| 정답과 해설 18쪽 |

● MP3 파일을 잘 듣고, 다음 빈칸을 채워 대화를 완성해 보세요.

A에는 B의 대답에 어울리는 질문이, B에는 A의 질문에 어울리는 대답이 들어갈 거예요. A와 B가 어떠한 대화를 나누게 될까요?

01 A: **What's this?**   이것은 무엇인가요?

B: It's my new cell phone.   그것은 나의 새 휴대 전화예요.

02 A: Whose cup is it?   그것은 누구의 컵인가요?

B: _____   _____

03 A: _____   _____

B: He's drawing pictures.   그는 그림을 그리고 있어요.

04 A: What do you want to be in the future?   너는 미래에 무엇이 되고 싶니?

B: _____   _____

05 A: _____   _____

B: She's in her room.   그녀는 (그녀의) 방에 있어.

● **주어진 우리말 의미에 맞게 영어로 말해 보세요.**

STEP 1 우리말을 읽고 영어로 말해 봐요. 말한 뒤에는 네모 박스에 체크해요.

STEP 2 주어진 단어들을 알맞게 배열하여 문장을 완성해요.

01 나는 두 개를 살래요. [take, I, two, will]

STEP 1 ☐

STEP 2 _____

02 그것은 새 원피스예요. [dress, new, it, a, is]

STEP 1 ☐

STEP 2 _____

03 내가 너의 펜을 빌릴 수 있을까? [I, pen, your, can, borrow]

STEP 1 ☐

STEP 2 _____

04 너는 어때? [you, how, about]

STEP 1 ☐

STEP 2 _____

05 너는 무엇이 되고 싶니? [be, you, what, do, want, to]

STEP 1 ☐

STEP 2 _____

06 이 우산을 챙겨 가렴! [umbrella, this, take]

STEP 1 ☐

STEP 2 _____

07 그것은 탁자 위에 있어요. [is, table, on, it, the]

STEP 1 ☐

STEP 2 _____

Listen & Speak Up 5

WARM UP

새로운 어휘들을 미리 공부해 볼까요?
아래의 각 단계를 따라가며 어휘의 소리와 의미를 차근차근 익혀 봐요!

| 정답과 해설 19쪽 |

	따라 말한 후 네모 박스에 체크!	STEP 1 듣고 따라 말하기	STEP 2 들으며 따라 쓰기	STEP 3 들으며 의미 쓰기
01	☐	some	some	
02	☐	crayon	crayon	
03	☐	fever	fever	
04	☐	heavy	heavy	
05	☐	jump	jump	
06	☐	badminton	badminton	
07	☐	outside	outside	
08	☐	bookstore	bookstore	
09	☐	walk	walk	
10	☐	library	library	

Listen & Speak Up 5

● MP3 파일을 잘 듣고, 물음에 답하세요.

01

241034-0061

다음을 듣고, 첫소리가 나머지와 <u>다른</u> 것을 고르시오.

①   ②   ③   ④

02

241034-0062

다음을 듣고, 들려주는 단어의 첫소리와 같은 소리로 시작하는 것을 고르시오.

①   ②

③    ④

03

241034-0063

다음을 듣고, 빈칸에 들어갈 알맞은 알파벳을 고르시오.

□ome

① c   ② d   ③ h   ④ s

04

241034-0064

다음을 듣고, 그림과 일치하는 단어를 고르시오.

①   ②   ③   ④

05

241034-0065

다음을 듣고, 채소에 속하는 단어가 <u>아닌</u> 것을 고르시오.

①   ②   ③   ④

06

241034-0066

다음을 듣고, 식탁 위에서 찾을 수 있는 것을 고르시오.

①   ②   ③   ④

07

241034-0067

다음을 듣고, 여자아이의 상태를 가장 잘 나타낸 그림을 고르시오.

①    ②

③   ④

08

241034-0068

대화를 듣고, 여자아이의 가방에 들어있는 책의 권수로 알맞은 것을 고르시오.

① 12   ② 13
③ 14   ④ 15

09

▶ 241034-0069

다음을 듣고, 자연스럽지 <u>않은</u> 대화를 고르시오.

①   ②   ③   ④

11

▶ 241034-0071

대화를 듣고, 두 사람이 대화를 나누는 장소를 고르시오.

① 도서관   ② 동물원

③ 백화점   ④ 음식점

10

▶ 241034-0070

대화를 듣고, 지금의 날씨를 가장 잘 나타낸 그림을 고르시오.

①   ②

③   ④

12

▶ 241034-0072

대화를 듣고, 두 사람이 무엇에 대해 이야기하고 있는지 고르시오.

① 취미 활동   ② 형제자매

③ 장래 희망   ④ 봉사 활동

13

241034-0073

다음을 듣고, 그림의 상황에서 여자아이에게 할 수 있는 알맞은 말을 고르시오.

①   ②   ③   ④

14

241034-0074

다음을 듣고, 질문에 이어질 응답으로 알맞은 것을 고르시오.

① I like this music.
② I walk to school.
③ I have many books.
④ Let's go to the bookstore.

15

241034-0075

대화를 듣고, 마지막 질문에 이어질 응답으로 알맞은 것을 고르시오.

① I'm an only child.
② I'd like to have a puppy.
③ I don't like wearing a hat.
④ I go to the library with my sister.

 **LISTEN UP** 문장 완성하기

| 정답과 해설 19쪽 |

● 우리말의 의미를 잘 생각한 후, 영어 문장을 완성해 볼까요?

STEP1 우리말을 읽고 영어 문장을 완성해요.　　STEP2 듣고 나의 답을 확인해요.　　STEP3 여러 번 듣고 큰 소리로 따라 말해요.

A 빈칸을 채워 영어 문장을 완성하세요.

01 상자에 사과가 몇 개 있나요?

STEP1 How m_____ a_____s are there in a box?

STEP2 ☐ CORRECT　　　☐ TRY AGAIN

STEP3 ☐ ONCE　　　☐ TWICE　　　☐ THREE TIMES

02 너는 고양이가 있니?

STEP1 Do you h_____ a c_____?

STEP2 ☐ CORRECT　　　☐ TRY AGAIN

STEP3 ☐ ONCE　　　☐ TWICE　　　☐ THREE TIMES

B 주어진 단어들을 알맞게 배열하여 영어 문장을 완성하세요.

01 우리 쇼핑하러 가자.

STEP1 [go, let's, shopping]　➡　_____

STEP2 ☐ CORRECT　　　☐ TRY AGAIN

STEP3 ☐ ONCE　　　☐ TWICE　　　☐ THREE TIMES

02 물을 잠그렴.

STEP1 [off, water, the, turn]　➡　_____

STEP2 ☐ CORRECT　　　☐ TRY AGAIN

STEP3 ☐ ONCE　　　☐ TWICE　　　☐ THREE TIMES

03 나는 테니스 수업이 있어.

STEP1 [have, a, lesson, I, tennis]　➡　_____

STEP2 ☐ CORRECT　　　☐ TRY AGAIN

STEP3 ☐ ONCE　　　☐ TWICE　　　☐ THREE TIMES

● 아래 각 단계를 완료하고, 네모 박스에 체크하세요.

STEP1 MP3 파일을 잘 듣고, 빈칸에 알맞은 단어를 써요.

STEP2 한 번 더 듣고, 나의 답을 확인해요. 원어민의 목소리에 맞춰 크게 말해 봐요.

STEP3 내 목소리를 녹음해서 원어민의 목소리와 비교해 봐요.

01 STEP1 ☐ W: ① _____ STEP2 ☐ STEP3 ☐

② _____

③ _____

④ _____

02 STEP1 ☐ W: _____ STEP2 ☐ STEP3 ☐

① _____

② _____

③ _____

④ _____

03 STEP1 ☐ W: _____ STEP2 ☐ STEP3 ☐

04 STEP1 ☐ W: ① _____ STEP2 ☐ STEP3 ☐

② _____

③ _____

④ _____

05 STEP1 ☐ W: ① _____ STEP2 ☐ STEP3 ☐

② _____

③ _____

④ _____

06 STEP1☐ W: ①_____   STEP2☐   STEP3☐
              ②_____
              ③_____
              ④_____

07 STEP1☐ G: I'm _____. I _____ a fever.   STEP2☐   STEP3☐

have를 사용하여 아픈 증상을 말할 수 있어
요. 콧물이 나면 I have a runny nose.
라고 하고, 기침이 날 때는 I have a
cough.라고 해요. 또, 목이 아프면 I have
a sore throat.라고 말하면 된답니다.

08 STEP1☐ M: Your bag looks _____.   STEP2☐   STEP3☐
            G: Yes. I have a lot of books _____.
            M: How _____ books do you have?
            G: There are twelve books in my bag.

09 STEP1☐ ① G: I'm sorry.   STEP2☐   STEP3☐
               B: That's all _____.
            ② G: Can you _____ high?
               B: Yes, I can.
            ③ G: Do you _____ a cat?
               B: No, I don't.
            ④ G: What day is it?
               B: Today is sunny.

10 STEP1☐ G: Let's _____ badminton.   STEP2☐   STEP3☐
            B: It's too _____ outside.
            G: Oh, then let's _____ shopping.

11 STEP1☐ M: Look at the animals!

G: Wow! I see _____.

M: They're so _____.

G: Dad, let's go see the monkeys.

M: Okay, let's _____ that.

STEP2☐ STEP3☐

12 STEP1☐ G: What do you want to be?

B: I want to be a teacher. How about you?

G: I want to be a _____ like my aunt, Amy.

B: Oh, is your _____ a nurse?

G: Yes, she works at the _____.

STEP2☐ STEP3☐

우리말로는 '이모, 고모, 숙모, 아주머니'처럼 구분하지만, 영어로는 모두 aunt라고 하고 뒤에 이름을 붙여서 말한답니다.

13 STEP1☐ W: ① Wear a jacket.

② Turn _____ the TV.

③ Put on your _____.

④ Turn _____ the water.

STEP2☐ STEP3☐

14 STEP1☐ G: How do you _____ to school?

STEP2☐ STEP3☐

15 STEP1☐ B: _____ do you do on Saturdays?

G: I have a tennis _____ in the morning.

B: What about in the _____?

STEP2☐ STEP3☐

'아침에'는 in the morning, '오후에'는 in the afternoon, '저녁에'는 in the evening, '밤에'는 at night이라고 써요.

● 앞에서 만났던 중요 표현에 대해 자세히 알아볼까요?

01 Do you have a cat?

have는 위 문장에서처럼 '가지고 있다'의 의미로 많이 쓰이지만, 이 외에도 여러 가지 의미를 가지기 때문에 다양한 상황에서 사용될 수 있어요. 무언가를 먹거나 마실 때, 어떠한 시간을 보낼 때, 또 아픈 곳을 말할 때에도 have를 이용할 수 있답니다. 앞으로 have를 이용해서 다양한 표현을 말해 보세요.

다양한 예들을 살펴볼까요?

■ I have an eraser. 나는 지우개가 한 개 있어요.

■ I have two sisters. 나는 두 명의 여자 형제가 있어요.

■ I have lunch at 12. 나는 12시에 점심을 먹어요.

■ I have long hair. 나는 머리가 길어요.

■ I have a headache. 나는 머리가 아파요.

 have의 형태는 has 또는 had로 변하기도 해요.
'그녀는 머리가 짧아요.'라고 말할 때는 She has short hair.이라고 한답니다.

02 What day is it?

여러분은 요일을 자주 확인하나요? 요일에 따라서 공부하는 과목이 다르기도 하고, 해야 할 일들이 달라지기도 하죠? 그러다 보니 우리는 자주 요일을 묻고 답하기도 합니다. 영어로 요일을 묻고 싶다면 뭐라고 하면 될까요? What day is it? 또는 What day is it today? 이렇게 물으면 된답니다.

요일을 묻고 답하는 연습을 해 볼까요?

■ A: What day is it? 무슨 요일이야?
   B: It's Tuesday. 화요일이야.

■ A: What day is it today? 오늘 무슨 요일인가요?
   B: It's Friday. 금요일이에요.

 위 문장들을 크게 읽어 보았나요? 질문과 응답에 모두 포함된 it은 '그것'이라고 해석하지는 않으니 주의하세요!
It's Saturday. 토요일이에요. (○)   그것은 토요일이에요. (×)

FLY UP

| 정답과 해설 22쪽 |

● MP3 파일을 잘 듣고, 다음 빈칸을 채워 대화를 완성해 보세요.

A에는 B의 대답에 어울리는 질문이, B에는 A의 질문에 어울리는 대답이 들어갈 거예요. A와 B가 어떠한 대화를 나누게 될까요?

01 A: **Can you jump high?**　　　　　　　　너는 높이 뛸 수 있니?

　　B: Yes, I can.　　　　　　　　　　　응, 뛸 수 있지.

02 A: What do you want to be?　　　　　　너는 무엇이 되고 싶니?

　　B: _____　　　_____

03 A: _____　　　_____

　　B: Yes, she is.　　　　　　　　　　　응, 맞아.

04 A: How do you go to school?　　　　　너는 학교에 어떻게 가니?

　　B: _____　　　_____

05 A: _____　　　_____

　　B: I usually go to the library.　　　나는 보통 도서관에 가.

● **주어진 우리말 의미에 맞게 영어로 말해 보세요.**

STEP1 우리말을 읽고 영어로 말해 봐요. 말한 뒤에는 네모 박스에 체크해요.

STEP2 주어진 단어들을 알맞게 배열하여 문장을 완성해요.

01 나는 열이 있어요. [fever, have, I, a]

STEP1 ☐

STEP2 _____

02 너는 노래할 수 있니? [you, sing, can]

STEP1 ☐

STEP2 _____

03 그녀는 병원에서 일해요. [works, hospital, at, the, she]

STEP1 ☐

STEP2 _____

04 무슨 요일이야? [is, day, it, what]

STEP1 ☐

STEP2 _____

05 우리 배드민턴 치자. [play, let's, badminton]

STEP1 ☐

STEP2 _____

06 이 책들을 보렴. [books, at, look, these]

STEP1 ☐

STEP2 _____

07 네 모자를 쓰렴. [on, your, put, hat]

STEP1 ☐

STEP2 _____

Listen & Speak Up 6

WARM UP

새로운 어휘들을 미리 공부해 볼까요?
아래의 각 단계를 따라가며 어휘의 소리와 의미를 차근차근 익혀 봐요!

	따라 말한 후 네모 박스에 체크!	STEP 1 듣고 따라 말하기	STEP 2 들으며 따라 쓰기	STEP 3 들으며 의미 쓰기
01	☐	hope	hope	
02	☐	vase	vase	
03	☐	glad	glad	
04	☐	show	show	
05	☐	fun	fun	
06	☐	photo	photo	
07	☐	worry	worry	
08	☐	stair	stair	
09	☐	cell phone	cell phone	
10	☐	near	near	

LISTEN UP 듣기평가 모의고사 6

● MP3 파일을 잘 듣고, 물음에 답하세요.

01

241034-0076

다음을 듣고, 첫소리가 나머지와 <u>다른</u> 것을 고르시오.

①   ②   ③   ④

02

241034-0077

다음을 듣고, 들려주는 단어의 첫소리와 같은 소리로 시작하는 것을 고르시오.

①

②

③

④

03

241034-0078

다음을 듣고, 빈칸에 들어갈 알맞은 알파벳을 고르시오.

□ice

① d   ② m   ③ n   ④ r

04

241034-0079

다음을 듣고, 그림과 일치하는 단어를 고르시오.

①   ②   ③   ④

70 초등 영어듣기평가 완벽대비 3-2

05

241034-0080

다음을 듣고, 직업에 속하는 단어가 <u>아닌</u> 것을 고르시오.

①   ②   ③   ④

06

241034-0081

다음을 듣고, 운동 가방에서 찾을 수 <u>없는</u> 것을 고르시오.

①   ②   ③   ④

07

241034-0082

다음을 듣고, 남자아이의 상태를 가장 잘 나타낸 그림을 고르시오.

①    ②

③    ④

08

241034-0083

대화를 듣고, 영화가 시작하는 시간을 고르시오.

① 11시   ② 12시
③ 1시   ④ 2시

09

241034-0084

다음을 듣고, 자연스럽지 <u>않은</u> 대화를 고르시오.

①   ②   ③   ④

11

241034-0086

대화를 듣고, 남자아이가 주말에 한 일로 알맞은 것을 고르시오.

① 책 읽기   ② 영화 보기

③ 쇼핑하기   ④ 야구 하기

10

241034-0085

대화를 듣고, 남자아이가 잘할 수 있는 것을 가장 잘 나타낸 그림을 고르시오.

①    ②

③    ④

12

241034-0087

대화를 듣고, 두 사람이 누구에 대해 이야기하고 있는지 고르시오.

① 남자아이의 형

② 남자아이의 삼촌

③ 여자아이의 남동생

④ 여자아이의 할아버지

13

241034-0088

다음을 듣고, 그림의 상황에서 선생님이 아이들에게 할 수 있는 알맞은 말을 고르시오.

① ② ③ ④

14

241034-0089

다음을 듣고, 질문에 이어질 응답으로 알맞은 것을 고르시오.

① It's snowing.
② It's Saturday.
③ It's on the table.
④ It's my new cell phone.

15

241034-0090

대화를 듣고, 마지막 질문에 이어질 응답으로 알맞은 것을 고르시오.

① It's summer.
② It's very near.
③ It's 50 dollars.
④ It's not a parrot.

● 우리말의 의미를 잘 생각한 후, 영어 문장을 완성해 볼까요?

STEP1 우리말을 읽고 영어 문장을 완성해요.   STEP2 듣고 나의 답을 확인해요.   STEP3 여러 번 듣고 큰 소리로 따라 말해요.

A 빈칸을 채워 영어 문장을 완성하세요.

01 너는 어제 무엇을 했니?

STEP1 W_____ did you d_____ yesterday?

STEP2 ☐ CORRECT   ☐ TRY AGAIN

STEP3 ☐ ONCE   ☐ TWICE   ☐ THREE TIMES

02 이것은 우리 가족사진이야.

STEP1 This is m_____ f_____ photo.

STEP2 ☐ CORRECT   ☐ TRY AGAIN

STEP3 ☐ ONCE   ☐ TWICE   ☐ THREE TIMES

B 주어진 단어들을 알맞게 배열하여 영어 문장을 완성하세요.

01 나는 내 친구들과 함께 축구를 했어.

STEP1 [soccer, my, played, with, I, friends]   ➡ _____

STEP2 ☐ CORRECT   ☐ TRY AGAIN

STEP3 ☐ ONCE   ☐ TWICE   ☐ THREE TIMES

02 거기에 가지 마.

STEP1 [there, go, don't]   ➡ _____

STEP2 ☐ CORRECT   ☐ TRY AGAIN

STEP3 ☐ ONCE   ☐ TWICE   ☐ THREE TIMES

03 그것은 나의 새 휴대 전화야.

STEP1 [my, new, it's, cell phone]   ➡ _____

STEP2 ☐ CORRECT   ☐ TRY AGAIN

STEP3 ☐ ONCE   ☐ TWICE   ☐ THREE TIMES

● 아래 각 단계를 완료하고, 네모 박스에 체크하세요.

STEP1 MP3 파일을 잘 듣고, 빈칸에 알맞은 단어를 써요.

STEP2 한 번 더 듣고, 나의 답을 확인해요. 원어민의 목소리에 맞춰 크게 말해 봐요.

STEP3 내 목소리를 녹음해서 원어민의 목소리와 비교해 봐요.

01 STEP1 ☐ W: ① _____   STEP2 ☐   STEP3 ☐

② _____

③ _____

④ _____

02 STEP1 ☐ W: _____   STEP2 ☐   STEP3 ☐

① _____

② _____

③ _____

④ _____

03 STEP1 ☐ W: _____   STEP2 ☐   STEP3 ☐

04 STEP1 ☐ W: ① _____   STEP2 ☐   STEP3 ☐

② _____

③ _____

④ _____

05 STEP1 ☐ W: ① _____   STEP2 ☐   STEP3 ☐

② _____

③ _____

④ _____

Listen & Speak Up 6

06 STEP1☐ W: ① _____ STEP2☐   STEP3☐

② _____

③ _____

④ _____

07 STEP1☐ B: I'm so _____ to win the art _____. STEP2☐   STEP3☐

08 STEP1☐ B: What _____ does the _____ start? STEP2☐   STEP3☐

G: It starts at one o'clock.

B: I can't _____ to see it.

09 STEP1☐ ① G: What's your _____? STEP2☐   STEP3☐

B: My name is Anthony.

② G: What time is it?

B: Today is rainy.

③ G: How _____ is it?

B: It's 10 dollars.

④ G: What does your mother _____?

B: She is a cook.

> cook은 '요리하다'라는 뜻뿐만 아니라, '요리사'를 의미하기도 한답니다.

10 STEP1☐ G: Can you play _____ well? STEP2☐   STEP3☐

B: No, I can't. I can _____ rope.

G: Great. Can you show me _____?

B: Sure.

> 미국에서는 축구를 soccer, 영국에서는 football이라고 합니다. 미국에서의 football은 손을 사용할 수 있는 미식 축구를 의미하고, 영국에서는 이를 특히, American football이라고 부른답니다.

11 STEP1☐ G: _____ was your weekend?　STEP2☐　STEP3☐

B: It was _____ .

G: What did you do?

B: I played _____ with my cousin.

G: Sounds fun!

12 STEP1☐ B: This is my family _____ .　STEP2☐　STEP3☐

G: Oh, who's _____ ?

B: He's my uncle.

G: What does he do?

B: He's a soccer _____ .

우리말에서는 '삼촌, 외삼촌, 이모부, 고모부' 등 다양한 호칭을 사용하지만, 영어로는 모두 uncle로 나타낼 수 있어요.

13 STEP1☐ W: ① Don't _____ .　STEP2☐　STEP3☐

② Don't _____ loudly.

③ Don't eat or _____ here.

④ Don't run on the stairs.

14 STEP1☐ G: What _____ is it today?　STEP2☐　STEP3☐

15 STEP1☐ G: Can you _____ me a big backpack?　STEP2☐　STEP3☐

M: Yes. Here's a _____ one.

G: How _____ is it?

Listen & Speak Up 6 **77**

● 앞에서 만났던 중요 표현에 대해 자세히 알아볼까요?

01 What do you do?

what은 무엇인지, 무엇을 하는지 물어볼 때 사용하는 단어예요. 문장 맨 앞에 사용해서 다양한 것을 물어볼 때 쓸 수 있어요. 그중에서도 What do you do?라고 물어본다면, 상대방이 평소에 무엇을 하는지 궁금해하는 거예요. 즉, 상대방의 직업을 묻는 표현이랍니다.

누군가가 직업을 물었을 때, 여러 직업을 나타내는 단어와 표현들을 알아야 답할 수 있겠죠?
그럼, 다양한 직업을 알아볼까요?

- cook 요리사　- scientist 과학자　- artist 화가　- pianist 피아니스트
- doctor 의사　- lawyer 변호사　- police officer 경찰관　- fire fighter 소방관

 상대방이 아닌 다른 사람의 직업을 묻는 표현도 연습해 보세요!
What does he do? 그는 어떤 일을 하나요?
What does your aunt do? 너의 이모는 어떤 일을 하시니?

02 Can you show me how?

여러분은 앞에서 학습한 Can you swim?이라는 문장을 기억하나요? 수영을 할 수 있는지 물을 때 사용할 수 있는 표현이었죠? Can you ~?는 능력을 물을 때 사용하기도 하지만, 상대방에게 요청과 부탁할 때도 사용됩니다. 새로운 것을 배울 때, 무언가를 어떻게 사용하는지 궁금할 때에 Can you show me how?라고 물어보면 방법을 알려 주거나 보여 줄 거예요.

다양한 요청과 부탁을 하는 표현을 배워 볼까요?

- Can you show me how?　(어떻게 하는지) 방법을 보여 줄 수 있니?
- Can you show me another?　(이것 말고) 다른 것을 보여 주시겠어요?
- Can you help me?　나를 도와줄 수 있나요?
- Can you say that again?　그것을 한 번 더 말해 줄래요?

 Can you show me how? 대신 Please show me how.라고 말할 수도 있답니다!

| 정답과 해설 26쪽 |

● MP3 파일을 잘 듣고, 다음 빈칸을 채워 대화를 완성해 보세요.

A에는 B의 대답에 어울리는 질문이, B에는 A의 질문에 어울리는 대답이 들어갈 거예요. A와 B가 어떠한 대화를 나누게 될까요?

01 A: **What time is it?**

몇 시예요?

B: It's seven o'clock.

7시 정각이에요.

02 A: What does your uncle do?

너의 삼촌은 무슨 일을 하셔?

B: _____

_____

03 A: _____

_____

B: Yes, I can.

응, 칠 수 있어.

04 A: Who's this?

이 사람은 누구인가요?

B: _____

_____

05 A: _____

_____

B: It's Sunday.

일요일이에요.

Listen & Speak Up 6

● **주어진 우리말 의미에 맞게 영어로 말해 보세요.**

STEP1 우리말을 읽고 영어로 말해 봐요. 말한 뒤에는 네모 박스에 체크해요.

STEP2 주어진 단어들을 알맞게 배열하여 문장을 완성해요.

01 이것은 내 가족사진이에요. [my, is, family, this, photo]

STEP1 ☐

STEP2 _____

02 영화가 몇 시에 시작하나요? [time, does, movie, the, what, start]

STEP1 ☐

STEP2 _____

03 그녀의 직업은 무엇인가요? [does, what, do, she]

STEP1 ☐

STEP2 _____

04 나는 줄넘기를 할 수 있어. [jump rope, can, I]

STEP1 ☐

STEP2 _____

05 너는 어떻게 하는지 내게 보여 줄 수 있니? [show, how, can, me, you]

STEP1 ☐

STEP2 _____

06 걱정하지 마세요. [worry, don't]

STEP1 ☐

STEP2 _____

07 계단에서 뛰지 마세요. [stairs, run, don't, the, on]

STEP1 ☐

STEP2 _____

Listen & Speak Up 7

WARM UP

새로운 어휘들을 미리 공부해 볼까요?
아래의 각 단계를 따라가며 어휘의 소리와 의미를 차근차근 익혀 봐요!

| 정답과 해설 27쪽 |

	따라 말한 후 네모 박스에 체크!	STEP 1 듣고 따라 말하기	STEP 2 들으며 따라 쓰기	STEP 3 들으며 의미 쓰기
01	☐	mirror	mirror	
02	☐	guitar	guitar	
03	☐	science	science	
04	☐	headache	headache	
05	☐	medium	medium	
06	☐	wrong	wrong	
07	☐	understand	understand	
08	☐	world	world	
09	☐	ski	ski	
10	☐	join	join	

LISTEN UP 듣기평가 모의고사 7

● MP3 파일을 잘 듣고, 물음에 답하세요.

01
▶ 241034-0091

다음을 듣고, 첫소리가 나머지와 <u>다른</u> 것을 고르시오.

①   ②   ③   ④

02
▶ 241034-0092

다음을 듣고, 들려주는 단어의 첫소리와 <u>다른</u> 소리로 시작하는 것을 고르시오.

①

②

③

④

03
▶ 241034-0093

다음을 듣고, 빈칸에 들어갈 알맞은 알파벳을 고르시오.

☐all

① b   ② c   ③ f   ④ t

04
▶ 241034-0094

다음을 듣고, 그림과 일치하는 단어를 고르시오.

①   ②   ③   ④

05

241034-0095

다음을 듣고, 악기에 속하는 단어가 <u>아닌</u> 것을 고르시오.

①   ②   ③   ④

06

241034-0096

다음을 듣고, 가방 속에서 찾을 수 있는 것을 고르시오.

①   ②   ③   ④

07

241034-0097

다음을 듣고, 남자아이가 할 행동을 가장 잘 나타낸 그림을 고르시오.

①    ②

③    ④

08

241034-0098

대화를 듣고, 여자아이가 지불할 금액으로 알맞은 것을 고르시오.

① $1   ② $10

③ $11   ④ $12

09

▶ 241034-0099

다음을 듣고, 자연스럽지 <u>않은</u> 대화를 고르시오.

①   ②   ③   ④

11

▶ 241034-0101

대화를 듣고, 두 사람이 대화를 나누는 장소로 알맞은 것을 고르시오.

① 공원   ② 식당

③ 병원   ④ 카페

10

▶ 241034-0100

대화를 듣고, 여자아이가 토요일 오후에 주로 하는 것을 가장 잘 나타낸 그림을 고르시오.

①    ②

③    ④

12

▶ 241034-0102

대화를 듣고, 남자아이가 좋아하는 과목을 고르시오.

① 과학   ② 국어

③ 수학   ④ 영어

13

241034-0103

다음을 듣고, 그림의 상황에서 남자아이가 할 수 있는 알맞은 말을 고르시오.

①   ②   ③   ④

14

241034-0104

다음을 듣고, 질문에 이어질 응답으로 알맞은 것을 고르시오.

① Yes, I do. It's so fun.
② No, I don't have a pet.
③ No, I don't like burgers.
④ Sure. I had a sandwich for lunch.

15

241034-0105

대화를 듣고, 마지막 질문에 이어질 응답으로 알맞은 것을 고르시오.

① Sounds great.
② I can play soccer.
③ It's big and round.
④ Let's go for a walk.

● 우리말의 의미를 잘 생각한 후, 영어 문장을 완성해 볼까요?

STEP 1 우리말을 읽고 영어 문장을 완성해요.　　**STEP 2** 듣고 나의 답을 확인해요.　　**STEP 3** 여러 번 듣고 큰 소리로 따라 말해요.

A 빈칸을 채워 영어 문장을 완성하세요.

01 너의 숙제를 내게 보여 주렴.

STEP1 Show me y_____ h_____ .

STEP2 ☐ CORRECT　　　　☐ TRY AGAIN

STEP3 ☐ ONCE　　　　☐ TWICE　　　　☐ THREE TIMES

02 내가 가장[매우] 좋아하는 과목은 수학이야.

STEP1 My f_____ s_____ is math.

STEP2 ☐ CORRECT　　　　☐ TRY AGAIN

STEP3 ☐ ONCE　　　　☐ TWICE　　　　☐ THREE TIMES

B 주어진 단어들을 알맞게 배열하여 영어 문장을 완성하세요.

01 제가 쿠키 좀 먹어도 되나요?

STEP1 [cookies, some, have, I, can]　➡ _____

STEP2 ☐ CORRECT　　　　☐ TRY AGAIN

STEP3 ☐ ONCE　　　　☐ TWICE　　　　☐ THREE TIMES

02 너는 캠핑하러 가는 것을 좋아하니?

STEP1 [going, like, camping, you, do]　➡ _____

STEP2 ☐ CORRECT　　　　☐ TRY AGAIN

STEP3 ☐ ONCE　　　　☐ TWICE　　　　☐ THREE TIMES

03 그것은 크고 둥글다.

STEP1 [big, it's, and, round]　➡ _____

STEP2 ☐ CORRECT　　　　☐ TRY AGAIN

STEP3 ☐ ONCE　　　　☐ TWICE　　　　☐ THREE TIMES

JUMP UP

| 정답과 해설 27쪽 |

● 아래 각 단계를 완료하고, 네모 박스에 체크하세요.

STEP 1 MP3 파일을 잘 듣고, 빈칸에 알맞은 단어를 써요.

STEP 2 한 번 더 듣고, 나의 답을 확인해요. 원어민의 목소리에 맞춰 크게 말해 봐요.

STEP 3 내 목소리를 녹음해서 원어민의 목소리와 비교해 봐요.

01 STEP1 ☐ W: ① _____   STEP2 ☐   STEP3 ☐

② _____

③ _____

④ _____

02 STEP1 ☐ W: _____   STEP2 ☐   STEP3 ☐

① _____

② _____

③ _____

④ _____

03 STEP1 ☐ W: _____   STEP2 ☐   STEP3 ☐

04 STEP1 ☐ W: ① _____   STEP2 ☐   STEP3 ☐

② _____

③ _____

④ _____

05 STEP1 ☐ W: ① _____   STEP2 ☐   STEP3 ☐

② _____

③ _____

④ _____

Listen & Speak Up 7

06 STEP1☐ W: ① _____   STEP2☐   STEP3☐

② _____

③ _____

④ _____

07 STEP1☐ W: Show me your _____ .   STEP2☐   STEP3☐

08 STEP1☐ G: How _____ are these candies?   STEP2☐   STEP3☐

M: They're one dollar _____ .

G: I _____ eleven candies, please.

사탕은 candy뿐 아니라, sweet라고도 해요. 영국에서는 sweet가 달콤한 사탕이나 초콜릿류를 의미한답니다.

09 STEP1☐ ① B: Do you _____ bananas?   STEP2☐   STEP3☐

G: Yes, I do.

② B: This is _____ you.

G: Thank you.

③ B: Where is he?

G: He's in his _____ .

④ B: What color is your bag?

G: It's a medium-sized bag.

10 STEP1☐ B: What do you do on _____ afternoons?   STEP2☐   STEP3☐

G: I usually _____ a skateboard.

B: Sounds _____ !

11 STEP1☐ M: What's _____ ?

G: I _____ a headache.

M: Let me _____. Oh, you have a fever.

G: What should I do?

M: I'll give you some medicine.

And come to see me again in two days.

머리가 아프면 headache,
이가 아프면 toothache,
배가 아프면 stomachache,
허리가 아프면 backache라고 하니
함께 알아 두세요.

12 STEP1☐ W: What's your favorite _____, Jun?

B: My favorite subject is _____.

W: Why do you _____ science?

B: Because it helps me understand the world.

STEP2☐　　STEP3☐

13 STEP1☐ W: ① Can you _____ ?

② May I _____ you?

③ Can I _____ some cookies?

④ May I go to the restroom?

STEP2☐　　STEP3☐

미국식 영어에서는 화장실을 restroom,
영국식 영어에서는 toilet으로 씁니다.
미국에서는 toilet이 '변기'의 의미로 쓰이니
기억해 두세요! bathroom은 주로 집 안
화장실을 말할 때 쓰인답니다.

14 STEP1☐ G: Do you like going _____?

STEP2☐　　STEP3☐

15 STEP1☐ G: Do you like _____?

B: Of course.

G: Then, _____ about joining the music

_____?

STEP2☐　　STEP3☐

JUMP UP

● 앞에서 만났던 중요 표현에 대해 자세히 알아볼까요?

01 What's your favorite subject?

favorite은 '매우 좋아하는, 특히 좋아하는'이란 뜻을 가지고 있어요. 여러분도 좋아하는 것이 여러 가지 있지만, 그중에서도 특히 더 좋아하는 것들이 있죠? 그런 것을 이야기할 때 주로 사용할 수 있답니다.

다양한 표현들로 활용해 볼까요?

- **What's your favorite subject?** 네가 특히 좋아하는 과목은 뭐야?
- **What's your favorite animal?** 네가 가장 좋아하는 동물은 뭐야?
- **What's your favorite Korean food?** 네가 매우 좋아하는 한국 음식은 무엇이니?

 위와 같은 질문들에는 My favorite 뒤에 다양한 명사를 넣어서 답해 보세요.
또 한 가지! favorite은 favourite이라고 쓰기도 한답니다.

02 This is for you.

여러분은 선물을 자주 하나요? 우리는 생일이나 크리스마스, 중요한 날에 마음을 표현하기 위해서 선물을 주고받기도 하죠. 선물을 예쁘게 포장해서 카드와 함께 전달하는 것도 중요하지만, 선물을 건네면서 '이것은 너를 위한 거야.'라고 말하면 마음이 더 잘 전해지지 않을까요? 영어로는 This is for you. 이렇게 말한답니다. 마음을 듬뿍 담아 This is for you.라고 말하면서 선물을 전해 보세요. 선물을 받는 사람이 더욱 기뻐할 거예요.

선물을 건네면서 할 수 있는 표현들을 더 알아볼까요?

- **This is for you.** 이것은 너를 위한 거야.
- **I made it for you.** 너를 위해 만들었어.
- **I hope you like it.** 네가 마음에 들어 했으면 좋겠어.

 누군가가 여러분에게 This is for you.라고 말하면서 선물한다면,
여러분도 이렇게 말하면서 보답해 보세요.
Thank you so much. I love it! 정말 고마워. 아주 마음에 들어!

FLY UP

| 정답과 해설 30쪽 |

● MP3 파일을 잘 듣고, 다음 빈칸을 채워 대화를 완성해 보세요.

 A에는 B의 대답에 어울리는 질문이, B에는 A의 질문에 어울리는 대답이 들어갈 거예요. A와 B가 어떠한 대화를 나누게 될까요?

01 A: **Where's my watch?**   내 손목시계는 어디에 있나요?

     B: It's on the table.   그것은 탁자 위에 있어요.

02 A: What's your favorite subject?   네가 가장[매우] 좋아하는 과목은 무엇이니?

     B: _____

03 A: _____

     B: Because it is interesting.   왜냐하면 그것은 재미있기 때문이야.

04 A: Can you ski?   너 스키 탈 수 있어?

     B: _____

05 A: _____

     B: Yes, I do.   응, 좋아해.

SPEAK UP

| 정답과 해설 31쪽 |

● **주어진 우리말 의미에 맞게 영어로 말해 보세요.**

STEP 1 우리말을 읽고 영어로 말해 봐요. 말한 뒤에는 네모 박스에 체크해요.

STEP 2 주어진 단어들을 알맞게 배열하여 문장을 완성해요.

01 그것들은 각각 1달러입니다. [dollar, they're, one, each]

STEP 1 ☐

STEP 2 _____

02 너는 사과를 좋아하니? [apples, you, like, do]

STEP 1 ☐

STEP 2 _____

03 이것은 너를 위한 거야. [for, this, you, is]

STEP 1 ☐

STEP 2 _____

04 너의 가방은 무슨 색이니? [what, is, bag, your, color]

STEP 1 ☐

STEP 2 _____

05 너는 음악을 좋아하니? [music, like, do, you]

STEP 1 ☐

STEP 2 _____

06 저 화장실에 가도 될까요? [go, restroom, may, I, to, the]

STEP 1 ☐

STEP 2 _____

07 우리 컴퓨터 동아리에 가입하자. [club, let's, computer, join, the]

STEP 1 ☐

STEP 2 _____

Listen & Speak Up 8

WARM UP

새로운 어휘들을 미리 공부해 볼까요?
아래의 각 단계를 따라가며 어휘의 소리와 의미를 차근차근 익혀 봐요!

| 정답과 해설 32쪽 |

	따라 말한 후 네모 박스에 체크!	STEP 1 듣고 따라 말하기	STEP 2 들으며 따라 쓰기	STEP 3 들으며 의미 쓰기
01	☐	meat	meat	
02	☐	balloon	balloon	
03	☐	look for	look for	
04	☐	want	want	
05	☐	cold	cold	
06	☐	museum	museum	
07	☐	bottle	bottle	
08	☐	luck	luck	
09	☐	gym	gym	
10	☐	basketball	basketball	

● MP3 파일을 잘 듣고, 물음에 답하세요.

01
▶ 241034-0106

다음을 듣고, 첫소리가 나머지와 다른 것을 고르시오.

①   ②   ③   ④

02
▶ 241034-0107

다음을 듣고, 들려주는 단어의 첫소리와 다른 소리로 시작하는 것을 고르시오.

①

②

③

④

03
▶ 241034-0108

다음을 듣고, 빈칸에 들어갈 알맞은 알파벳을 고르시오.

□ook

① b   ② c   ③ h   ④ l

04
▶ 241034-0109

다음을 듣고, 그림과 일치하는 단어를 고르시오.

①   ②   ③   ④

05

▶ 241034-0110

다음을 듣고, 가구에 속하는 단어가 <u>아닌</u> 것을 고르시오.

①　　　　②　　　　③　　　　④

07

▶ 241034-0112

다음을 듣고, 여자아이가 찾고 있는 것을 가장 잘 나타낸 그림을 고르시오.

① 　　②

③ 　　④

06

▶ 241034-0111

다음을 듣고, 바다에서 찾을 수 <u>없는</u> 것을 고르시오.

①　　　　②　　　　③　　　　④

08

▶ 241034-0113

대화를 듣고, 남자아이가 고른 물건과 그 색깔을 고르시오.

	물건	색깔		물건	색깔
①	모자	주황색	②	가방	주황색
③	모자	파란색	④	가방	파란색

09 ▶ 241034-0114

다음을 듣고, 자연스럽지 <u>않은</u> 대화를 고르시오.

①   ②   ③   ④

11 ▶ 241034-0116

대화를 듣고, 두 사람이 이용할 교통수단을 고르시오.

① 기차   ② 버스

③ 지하철   ④ 비행기

10 ▶ 241034-0115

대화를 듣고, 여자아이가 내일 할 일을 가장 잘 나타낸 그림을 고르시오.

①    ②

③   ④

12 ▶ 241034-0117

대화를 듣고, 두 사람이 무엇에 대해 이야기하고 있는지 고르시오.

① 취미 활동   ② 학교 숙제

③ 여름 방학   ④ 방과 후 활동

13

241034-0118

다음을 듣고, 그림의 상황에서 남자아이가 엄마에게 할 수 있는 알맞은 말을 고르시오.

①　　　②　　　③　　　④

14

241034-0119

다음을 듣고, 질문에 이어질 응답으로 알맞은 것을 고르시오.

① I want a soccer ball.
② Let's drink some juice.
③ I don't like to go there.
④ I will make a birthday card.

15

241034-0120

대화를 듣고, 마지막 질문에 이어질 응답으로 알맞은 것을 고르시오.

① I can go with you.
② I like to play the piano.
③ I don't have a basketball.
④ I play basketball at the gym.

LISTEN UP 문장 완성하기

| 정답과 해설 32쪽 |

● 우리말의 의미를 잘 생각한 후, 영어 문장을 완성해 볼까요?

STEP 1 우리말을 읽고 영어 문장을 완성해요.　　**STEP 2** 듣고 나의 답을 확인해요.　　**STEP 3** 여러 번 듣고 큰 소리로 따라 말해요.

A 빈칸을 채워 영어 문장을 완성하세요.

01 저는 검정 원피스를 찾고 있어요.

STEP 1 I'm l＿＿＿＿＿ for a b＿＿＿＿＿ dress.

STEP 2 ☐ CORRECT　　　☐ TRY AGAIN

STEP 3 ☐ ONCE　　　☐ TWICE　　　☐ THREE TIMES

02 저는 이 모자를 원해요(사고 싶어요).

STEP 1 I want t＿＿＿＿＿ h＿＿＿＿＿.

STEP 2 ☐ CORRECT　　　☐ TRY AGAIN

STEP 3 ☐ ONCE　　　☐ TWICE　　　☐ THREE TIMES

B 주어진 단어들을 알맞게 배열하여 영어 문장을 완성하세요.

01 나를 도와줄 수 있니?

STEP 1 [me, help, can, you]　➡ ＿＿＿＿＿＿＿＿＿＿＿

STEP 2 ☐ CORRECT　　　☐ TRY AGAIN

STEP 3 ☐ ONCE　　　☐ TWICE　　　☐ THREE TIMES

02 나는 수영하러 갈 거야.

STEP 1 [go, I'll, swimming]　➡ ＿＿＿＿＿＿＿＿＿＿＿

STEP 2 ☐ CORRECT　　　☐ TRY AGAIN

STEP 3 ☐ ONCE　　　☐ TWICE　　　☐ THREE TIMES

03 우리 주스 좀 마시자.

STEP 1 [drink, juice, let's, some]　➡ ＿＿＿＿＿＿＿＿＿＿＿

STEP 2 ☐ CORRECT　　　☐ TRY AGAIN

STEP 3 ☐ ONCE　　　☐ TWICE　　　☐ THREE TIMES

JUMP UP

| 정답과 해설 32쪽 |

● **아래 각 단계를 완료하고, 네모 박스에 체크하세요.**

STEP 1 MP3 파일을 잘 듣고, 빈칸에 알맞은 단어를 써요.

STEP 2 한 번 더 듣고, 나의 답을 확인해요. 원어민의 목소리에 맞춰 크게 말해 봐요.

STEP 3 내 목소리를 녹음해서 원어민의 목소리와 비교해 봐요.

01 STEP1 ☐ W: ① _____   STEP2 ☐   STEP3 ☐

② _____

③ _____

④ _____

02 STEP1 ☐ W: _____   STEP2 ☐   STEP3 ☐

① _____

② _____

③ _____

④ _____

03 STEP1 ☐ W: _____   STEP2 ☐   STEP3 ☐

04 STEP1 ☐ W: ① _____   STEP2 ☐   STEP3 ☐

② _____

③ _____

④ _____

05 STEP1 ☐ W: ① _____   STEP2 ☐   STEP3 ☐

② _____

③ _____

④ _____

Listen & Speak Up 8

06 STEP1☐ W: ① _____

② _____

③ _____

④ _____

STEP2☐   STEP3☐

07 STEP1☐ G: I'm _____ for a _____ dress.

STEP2☐   STEP3☐

08 STEP1☐ B: I want this hat. It looks _____.

W: You mean this _____ hat?

B: No, the _____ one.

STEP2☐   STEP3☐

09 STEP1☐ ① G: Can you _____ me?

B: I'm sorry, I can't.

② G: Do you _____ some juice?

B: No, thank you.

③ G: I have a cold.

B: I'm not cold.

④ G: Do you _____ a cell phone?

B: Yes, I do. It's in my bag.

STEP2☐   STEP3☐

'휴대 전화'를 뜻하는 cell phone은 cellular phone을 줄여 쓴 단어예요. mobile phone도 '휴대 전화'를 의미합니다.

10 STEP1☐ B: What will you _____ tomorrow?

G: I'll _____ skating.

B: _____ fun!

STEP2☐   STEP3☐

11 STEP1☐ G: How about going to the _____ this Saturday?　　STEP2☐　STEP3☐

B: Good idea! _____ will we get there?

G: Let's take the _____ .

B: Sounds great.

12 STEP1☐ B: What do you do after _____ ?　　STEP2☐　STEP3☐

G: I have an art _____ today. How about you?

B: I have violin lessons _____ day.

G: Oh, do you like playing the violin?

B: Yeah, I really like it.

13 STEP1☐ W: ① Good _____ !　　STEP2☐　STEP3☐

② _____ a lot!

③ You _____ do it!

④ Have a good day!

좋은 하루 보내라고 할 때는 Have a good [great / wonderful / fantastic] day!로 다양하게 쓸 수 있어요.

14 STEP1☐ G: What do you _____ for your _____ ?　STEP2☐　STEP3☐

15 STEP1☐ G: What do you like to _____ ?　　STEP2☐　STEP3☐

B: I like to play _____ .

G: _____ do you play basketball?

● 앞에서 만났던 중요 표현에 대해 자세히 알아볼까요?

01 I'll go skating.

'가다'라는 의미의 go는 뒤에 다른 단어들과 연결해서 자주 사용해요. 예를 들어, I go (나는 가요)라고 말하면, '어디로?' 또는 '뭐 하러?'가 궁금하지 않나요? 그래서 go 뒤에 장소를 넣어 말하기도 하고, 다른 동작과 이어서 사용하기도 해요.

I'll go to the bakery. 나는 빵집에 갈 거예요.

I go shopping every Saturday. 나는 토요일마다 쇼핑하러 가요.

이렇게 활용할 수 있답니다.

여러 가지 활용 방법 중에서 '~하러 가다'라는 표현을 더 알아볼까요?

- go shopping 쇼핑하러 가다
- go camping 캠핑하러 가다
- go skating 스케이트 타러 가다
- go swimming 수영하러 가다

 '나는 방과 후에 수영하러 갈까 해.'라고 말한다면,
I go swimming after school. (✕) 이 아닌,
I'll go swimming after school. (◯) 로 말해야 한다는 것도 기억하세요!

02 It's in my bag.

물건의 위치를 말할 때는 in, on, under, in front of와 같은 단어들을 이용해서 말합니다. 이런 단어들을 '전치사'라고 하는데요, 조금 어려울 수도 있지만 꾸준히 영어 공부를 하다 보면 책에서 자주 보게 될 거예요. 위에서 쓰인 It's in my bag.은 '그것은 나의 가방 안에 있어.'라는 의미입니다. in은 '~안에'를 뜻하지요. 만약 우리가 in을 on으로 바꾸면 '그것은 나의 가방 위에 있어.'가 됩니다. 한 단어만 바뀌었을 뿐인데, '나의 가방'의 위치가 완전히 달라졌죠? 그렇다면, 이제 여러분이 무언가의 위치를 정확히 말할 수 있도록 다양한 전치사를 알아볼까요?

각 단어와 의미를 연결해서 잘 기억해 두세요!

- in ~의 안에
- on ~의 위에
- under ~의 아래에
- in front of ~의 바로 앞에

 위에서 살펴본 전치사 뒤에는 물건, 사람, 건물과 같은 단어가 반드시 따라 나와야 한다는 것 꼭 기억하세요!

| 정답과 해설 35쪽 |

● MP3 파일을 잘 듣고, 다음 빈칸을 채워 대화를 완성해 보세요.

A에는 B의 대답에 어울리는 질문이, B에는 A의 질문에 어울리는 대답이 들어갈 거예요. A와 B가 어떠한 대화를 나누게 될까요?

01 A: **Can you help me?**　　　　　　나 좀 도와줄 수 있니?

　　　B: Sure.　　　　　　　　　　　물론이지.

02 A: What will you do in the afternoon?　너는 오후에 뭘 할 거니?

　　　B: _____　　　_____

03 A: _____　　　_____

　　　B: I want to have a new bag.　　나는 새 가방을 갖고 싶어.

04 A: What do you like to do?　　　너는 뭘 하는 것을 좋아하니?

　　　B: _____　　　_____

05 A: _____　　　_____

　　　B: I read books at the library.　나는 도서관에서 책을 읽어.

● 주어진 우리말 의미에 맞게 영어로 말해 보세요.

STEP1 우리말을 읽고 영어로 말해 봐요. 말한 뒤에는 네모 박스에 체크해요.

STEP2 주어진 단어들을 알맞게 배열하여 문장을 완성해요.

01 너는 내일 무엇을 할 거니? [tomorrow, will, do, what, you]

STEP1 ☐

STEP2 _____

02 우리 박물관에 가자. [go, museum, let's, to, the]

STEP1 ☐

STEP2 _____

03 나는 미술 수업이 있어. [have, class, I, an, art]

STEP1 ☐

STEP2 _____

04 행운을 빌어요! [luck, good]

STEP1 ☐

STEP2 _____

05 너는 할 수 있어! [do, you, it, can]

STEP1 ☐

STEP2 _____

06 나는 보드게임 하는 것을 좋아해요. [board, games, like, I, play, to]

STEP1 ☐

STEP2 _____

07 나는 체육관에서 농구를 해요. [play, I, the, at, basketball, gym]

STEP1 ☐

STEP2 _____

Listen & Speak Up 9

새로운 어휘들을 미리 공부해 볼까요?
아래의 각 단계를 따라가며 어휘의 소리와 의미를 차근차근 익혀 봐요!

| 정답과 해설 37쪽 |

	따라 말한 후 네모 박스에 체크!	STEP 1 듣고 따라 말하기	STEP 2 들으며 따라 쓰기	STEP 3 들으며 의미 쓰기
01	☐	pay	pay	
02	☐	station	station	
03	☐	boat	boat	
04	☐	train	train	
05	☐	many	many	
06	☐	present	present	
07	☐	window	window	
08	☐	favor	favor	
09	☐	helmet	helmet	
10	☐	jacket	jacket	

LISTEN UP 듣기평가 모의고사 9

● MP3 파일을 잘 듣고, 물음에 답하세요.

01 ▶ 241034-0121

다음을 듣고, 첫소리가 나머지와 <u>다른</u> 것을 고르시오.

①   ②   ③   ④

03 ▶ 241034-0123

다음을 듣고, 빈칸에 들어갈 알맞은 알파벳을 고르시오.

□ay

① l   ② p   ③ s   ④ w

02 ▶ 241034-0122

다음을 듣고, 들려주는 단어의 첫소리와 <u>다른</u> 소리로 시작하는 것을 고르시오.

①   ②

③   ④

04 ▶ 241034-0124

다음을 듣고, 그림과 일치하는 단어를 고르시오.

①   ②   ③   ④

05

▶ 241034-0125

다음을 듣고, 탈것에 속하는 단어가 <u>아닌</u> 것을 고르시오.

①   ②   ③   ④

07

▶ 241034-0127

다음을 듣고, 여자아이의 상태를 가장 잘 나타낸 그림을 고르시오.

①    ②

③    ④

06

▶ 241034-0126

다음을 듣고, 장바구니에서 찾을 수 있는 것을 고르시오.

①   ②   ③   ④

08

▶ 241034-0128

대화를 듣고, 여자아이가 가지고 있는 연필과 지우개의 개수가 바르게 짝지어진 것을 고르시오.

	연필	지우개		연필	지우개
①	7자루	3개	②	7자루	2개
③	5자루	3개	④	5자루	2개

Listen & Speak Up 9

09

▶ 241034-0129

다음을 듣고, 자연스럽지 <u>않은</u> 대화를 고르시오.

①   ②   ③   ④

11

▶ 241034-0131

대화를 듣고, 엄마가 Ted에게 부탁하는 것을 고르시오.

① 문 닫기   ② 전등 *끄기*

③ 창문 닫기   ④ 선풍기 *끄기*

10

▶ 241034-0130

대화를 듣고, 남자아이가 살 물건을 가장 잘 나타낸 그림을 고르시오.

①    ②

③    ④

12

▶ 241034-0132

대화를 듣고, 두 사람이 만나기로 한 시각을 고르시오.

① 1시   ② 2시

③ 3시   ④ 4시

13

▶ 241034-0133

다음을 듣고, 그림의 상황에서 엄마가 남자아이에게 할 수 있는 알맞은 말을 고르시오.

①   ②   ③   ④

14

▶ 241034-0134

다음을 듣고, 질문에 이어질 응답으로 알맞은 것을 고르시오.

① I like to play soccer.
② Let's go swimming.
③ Can you dance well?
④ Do you like ice cream?

15

▶ 241034-0135

대화를 듣고, 마지막 질문에 이어질 응답으로 알맞은 것을 고르시오.

① She has a cat.
② She has a son.
③ She is very tall.
④ She teaches English.

● 우리말의 의미를 잘 생각한 후, 영어 문장을 완성해 볼까요?

STEP1 우리말을 읽고 영어 문장을 완성해요.　STEP2 듣고 나의 답을 확인해요.　STEP3 여러 번 듣고 큰 소리로 따라 말해요.

A 빈칸을 채워 영어 문장을 완성하세요.

01 우리 뭐 좀 사 먹자.

STEP1 Let's g_____ some f_____.
STEP2 ☐ CORRECT　☐ TRY AGAIN
STEP3 ☐ ONCE　☐ TWICE　☐ THREE TIMES

02 이 스카프는 어때?

STEP1 How a_____ this s_____?
STEP2 ☐ CORRECT　☐ TRY AGAIN
STEP3 ☐ ONCE　☐ TWICE　☐ THREE TIMES

B 주어진 단어들을 알맞게 배열하여 영어 문장을 완성하세요.

01 창문 좀 닫아 줄래?

STEP1 [window, will, close, the, you] ➡ _____
STEP2 ☐ CORRECT　☐ TRY AGAIN
STEP3 ☐ ONCE　☐ TWICE　☐ THREE TIMES

02 헬멧을 착용하렴.

STEP1 [helmet, a, on, put] ➡ _____
STEP2 ☐ CORRECT　☐ TRY AGAIN
STEP3 ☐ ONCE　☐ TWICE　☐ THREE TIMES

03 그녀가 너의 어머니이셔?

STEP1 [she, mother, your, is] ➡ _____
STEP2 ☐ CORRECT　☐ TRY AGAIN
STEP3 ☐ ONCE　☐ TWICE　☐ THREE TIMES

JUMP UP

| 정답과 해설 37쪽 |

● 아래 각 단계를 완료하고, 네모 박스에 체크하세요.

STEP1 MP3 파일을 잘 듣고, 빈칸에 알맞은 단어를 써요.

STEP2 한 번 더 듣고, 나의 답을 확인해요. 원어민의 목소리에 맞춰 크게 말해 봐요.

STEP3 내 목소리를 녹음해서 원어민의 목소리와 비교해 봐요.

03 STEP1 ☐ W: ① _____   STEP2 ☐   STEP3 ☐

② _____

③ _____

④ _____

02 STEP1 ☐ W: _____   STEP2 ☐   STEP3 ☐

① _____

② _____

③ _____

④ _____

03 STEP1 ☐ W: _____   STEP2 ☐   STEP3 ☐

04 STEP1 ☐ W: ① _____   STEP2 ☐   STEP3 ☐

② _____

③ _____

④ _____

05 STEP1 ☐ W: ① _____   STEP2 ☐   STEP3 ☐

② _____

③ _____

④ _____

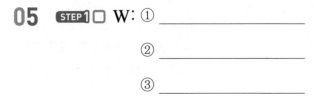

06 STEP1 ☐ W: ① _____

STEP2 ☐   STEP3 ☐

② _____

③ _____

④ _____

07 STEP1 ☐ G: Thank you for the _____ . I _____ it. STEP2 ☐   STEP3 ☐

08 STEP1 ☐ B: What do you _____ in your pencil case? STEP2 ☐   STEP3 ☐

G: I have _____ pencils. I also have three erasers.

B: Wow, you have _____ pencils and erasers.

09 STEP1 ☐ ① G: I'm _____ . STEP2 ☐   STEP3 ☐

B: Let's get some food.

② G: When is your birthday?

B: I'm happy.

③ G: What _____ do you like?

B: I like English class.

④ G: Can you take a _____ of me?

B: Sure, I can.

10 STEP1 ☐ B: I'm _____ for a present for my mom. STEP2 ☐   STEP3 ☐

W: How about this _____ scarf?

B: It's _____ . I'll take it.

W: That's great. It's on sale now.

> on sale은 일반적으로 '할인 중인'이라는 의미로 사용해요. 판매용인지 묻고 싶으면 Is it for sale? (이건 판매용인가요?)라고 말하면 된답니다.

11 STEP1☐ W: Ted, can you do me a favor?

B: _____, Mom. What is it?

W: Will you _____ the _____?

B: Okay, I will.

STEP2☐　STEP3☐

'부탁'을 나타내는 단어는 favor 또는 favour라고 쓸 수 있어요. favor는 미국 식, favour는 영국식 철자 표기랍니다! 이렇게 같은 단어를 다른 철자로 표기하는 경우가 꽤 있답니다.

12 STEP1☐ G: Let's go to eat some ice cream _____ school.

B: Okay. What _____?

G: How about four o'clock?

B: Sounds _____.

STEP2☐　STEP3☐

13 STEP1☐ W: ① Put on gloves.

② Put on a _____.

③ Put _____ your shoes.

④ Put on your _____.

STEP2☐　STEP3☐

두 개가 짝을 이루는 물건은 주로 복수형으로 쓰여요. gloves(장갑)나 shoes(신발) 외에 jeans(청바지), socks(양말), shorts(반바지), glasses(안경), scissors(가위) 등도 있으니 기억해 두세요!

14 STEP1☐ G: What sport do you _____ to play?

STEP2☐　STEP3☐

15 STEP1☐ B: Is she your _____?

G: Yes, she is.

B: _____ does she _____?

STEP2☐　STEP3☐

Listen & Speak Up 9

● 앞에서 만났던 중요 표현에 대해 자세히 알아볼까요?

01 How about this purple scarf?

여러분은 가족이나 친구들과 함께 물건을 사러 간 적이 있나요? 그럴 때는 주로 함께 간 사람과 상의하면서 무엇을 살지 결정하거나 서로 물건을 골라 주기도 하죠? 이런 경우에 '이것은 어때?' 하고 권하거나 제안한다면 How about this?라고 말할 수 있어요. How about ~?은 상대방에게 무언가를 제안하거나 추천할 때, 또는 자신의 의견에 대해 상대방의 생각을 물을 때 주로 사용하는 표현이에요.

다양한 표현들로 활용해 볼까요?

- How about this movie? 이 영화는 어때?
- How about ice cream? 아이스크림은 어때?
- How about playing board games? 보드게임을 하는 것은 어때?
- How about going to see a doctor? 병원에 가는 게 어때?

 친구와 만날 시간을 상의할 때에도 위 표현을 사용하면 좋아요.
만약 '2시 정각에 만나는 건 어때?'라고 친구에게 제안하고 싶다면 How about 2 o'clock?이라고 간단하게 말할 수 있어요!

02 Put on your helmet.

날씨와 장소, 상황에 따라서 꼭 착용해야 하는 것들이 있어요. 자전거를 탈 때는 헬멧을, 손이 시릴 만큼 추운 날에는 장갑을, 또, 밖에 나가려면 신발을 신어야 하죠? put은 '특정한 장소, 위치에 무언가를 놓다, 두다'라는 의미를 가지고 있어요. 그런데 on과 함께 쓰여서 put on이라고 표현하면, '착용하다, 입다'의 의미로 사용한답니다.

다양한 표현들로 활용해 볼까요?

- Put on your mask. 마스크를 착용해.
- Put on your gloves. 장갑을 끼렴.
- Put on your coat! It's cold outside. 코트를 입어! 밖은 추워.
- I'll put on my new shoes. 새로운 신발을 신어야겠어.

 '헬멧을 착용해.'라고 말할 때, 위의 설명처럼 Put on your helmet.이라고 하는 것뿐 아니라,
Put your helmet on.이라고 말하기도 한답니다. 둘 다 자주 사용되는 표현이니 꼭 기억하세요!

● MP3 파일을 잘 듣고, 다음 빈칸을 채워 대화를 완성해 보세요.

A에는 B의 대답에 어울리는 질문이, B에는 A의 질문에 어울리는 대답이 들어갈 거예요. A와 B가 어떠한 대화를 나누게 될까요?

01 A: **Can you take a picture of me?** 　내 사진 좀 찍어 줄 수 있니?

　　 B: Sure, I can. 　　　　　　　　　　물론, 할 수 있지.

02 A: What class do you like? 　　　　너는 어떤 수업을 좋아해?

　　 B: _____ 　　　　_____

03 A: _____ 　　　　_____

　　 B: It's August 10th. 　　　　　　8월 10일이야.

04 A: What sport do you like to play? 　너는 어떤 운동 하는 것을 좋아해?

　　 B: _____ 　　　　_____

05 A: _____ 　　　　_____

　　 B: She teaches English. 　　　　　그녀는 영어를 가르쳐요.

SPEAK UP

● **주어진 우리말 의미에 맞게 영어로 말해 보세요.**

STEP1 우리말을 읽고 영어로 말해 봐요. 말한 뒤에는 네모 박스에 체크해요.

STEP2 주어진 단어들을 알맞게 배열하여 문장을 완성해요.

01 선물 고마워요! [you, thank, for, gift, the]

STEP1 ☐

STEP2 _____

02 너는 연필과 지우개를 많이 가지고 있구나. [have, and, you, erasers, many, pencils]

STEP1 ☐

STEP2 _____

03 저는 연필을 찾고 있어요. [pencil, a, looking, for, I'm]

STEP1 ☐

STEP2 _____

04 부탁 하나만 들어줄래요? [favor, can, me, do, a, you]

STEP1 ☐

STEP2 _____

05 1시 정각은 어때요? [one, how, o'clock, about]

STEP1 ☐

STEP2 _____

06 수영하러 가자. [swimming, let's, go]

STEP1 ☐

STEP2 _____

07 너의 재킷을 입으렴. [jacket, on, put, your]

STEP1 ☐

STEP2 _____

Listen & Speak Up 10

새로운 어휘들을 미리 공부해 볼까요?
아래의 각 단계를 따라가며 어휘의 소리와 의미를 차근차근 익혀 봐요!

| 정답과 해설 41쪽 |

	따라 말한 후 네모 박스에 체크!	STEP 1 듣고 따라 말하기	STEP 2 들으며 따라 쓰기	STEP 3 들으며 의미 쓰기
01	☐	wave	wave	
02	☐	spider	spider	
03	☐	hungry	hungry	
04	☐	rabbit	rabbit	
05	☐	already	already	
06	☐	cry	cry	
07	☐	drink	drink	
08	☐	most	most	
09	☐	kind	kind	
10	☐	movie	movie	

● MP3 파일을 잘 듣고, 물음에 답하세요.

01
▶ 241034-0136

다음을 듣고, 첫소리가 나머지와 <u>다른</u> 것을 고르시오.

①   ②   ③   ④

03
▶ 241034-0138

다음을 듣고, 빈칸에 들어갈 알맞은 알파벳을 고르시오.

□ind

① f   ② k   ③ m   ④ w

02
▶ 241034-0137

다음을 듣고, 들려주는 단어의 첫소리와 <u>다른</u> 소리로 시작하는 것을 고르시오.

①    ②

③   ④

04
▶ 241034-0139

다음을 듣고, 그림과 일치하는 단어를 고르시오.

①   ②   ③   ④

05

▶ 241034-0140

다음을 듣고, 운동에 속하는 단어가 <u>아닌</u> 것을 고르시오.

①   ②   ③   ④

07

▶ 241034-0142

다음을 듣고, 여자아이가 가지고 있는 컵을 가장 잘 나타낸 그림을 고르시오.

①    ②

③   ④

06

▶ 241034-0141

다음을 듣고, 그림에서 찾을 수 있는 것을 고르시오.

①   ②   ③   ④

08

▶ 241034-0143

대화를 듣고, 현재의 시각을 고르시오.

① 3시   ② 4시
③ 5시   ④ 6시

Listen & Speak Up 10

09

▶ 241034-0144

다음을 듣고, 자연스럽지 <u>않은</u> 대화를 고르시오.

①   ②   ③   ④

11

▶ 241034-0146

대화를 듣고, 두 사람이 대화를 나누는 장소를 고르시오.

① 은행   ② 서점

③ 식당   ④ 공원

10

▶ 241034-0145

대화를 듣고, 여자가 하고 있는 것을 가장 잘 나타낸 그림을 고르시오.

①    ②

③    ④

12

▶ 241034-0147

대화를 듣고, 남자아이가 가장 좋아하는 계절을 고르시오.

① 봄   ② 여름

③ 가을   ④ 겨울

13

241034-0148

다음을 듣고, 그림의 상황에서 여자아이에게 할 수 있는 알맞은 말을 고르시오.

①   ②   ③   ④

14

241034-0149

다음을 듣고, 질문에 이어질 응답으로 알맞은 것을 고르시오.

① This is my new hat.
② I have a lot of pictures.
③ She's my grandmother.
④ I don't like this picture.

15

241034-0150

대화를 듣고, 마지막 질문에 이어질 응답으로 알맞은 것을 고르시오.

① I like comedy movies.
② I don't have any plans.
③ I like all kinds of music.
④ She is really kind to me.

| 정답과 해설 41쪽 |

● 우리말의 의미를 잘 생각한 후, 영어 문장을 완성해 볼까요?

STEP1 우리말을 읽고 영어 문장을 완성해요.　　STEP2 듣고 나의 답을 확인해요.　　STEP3 여러 번 듣고 큰 소리로 따라 말해요.

A 빈칸을 채워 영어 문장을 완성하세요.

01 그것은 너무 작아요.

STEP1　It's t_____ s_____.

STEP2　☐ CORRECT　　☐ TRY AGAIN

STEP3　☐ ONCE　　☐ TWICE　　☐ THREE TIMES

02 나는 여름이 가장 좋아.

STEP1　I like s_____ m_____.

STEP2　☐ CORRECT　　☐ TRY AGAIN

STEP3　☐ ONCE　　☐ TWICE　　☐ THREE TIMES

B 주어진 단어들을 알맞게 배열하여 영어 문장을 완성하세요.

01 이 음식은 매우 맛있어.

STEP1　[great, so, this, is, food]　➡ _____

STEP2　☐ CORRECT　　☐ TRY AGAIN

STEP3　☐ ONCE　　☐ TWICE　　☐ THREE TIMES

02 여기서 마시지 마세요.

STEP1　[here, drink, don't]　➡ _____

STEP2　☐ CORRECT　　☐ TRY AGAIN

STEP3　☐ ONCE　　☐ TWICE　　☐ THREE TIMES

03 나는 영화 보는 것을 좋아해.

STEP1　[like, movies, watching, I]　➡ _____

STEP2　☐ CORRECT　　☐ TRY AGAIN

STEP3　☐ ONCE　　☐ TWICE　　☐ THREE TIMES

● 아래 각 단계를 완료하고, 네모 박스에 체크하세요.

STEP1 MP3 파일을 잘 듣고, 빈칸에 알맞은 단어를 써요.

STEP2 한 번 더 듣고, 나의 답을 확인해요. 원어민의 목소리에 맞춰 크게 말해 봐요.

STEP3 내 목소리를 녹음해서 원어민의 목소리와 비교해 봐요.

01 STEP1☐ W: ① _____   STEP2☐   STEP3☐

② _____

③ _____

④ _____

02 STEP1☐ W: _____   STEP2☐   STEP3☐

① _____

② _____

③ _____

④ _____

03 STEP1☐ W: _____   STEP2☐   STEP3☐

04 STEP1☐ W: ① _____   STEP2☐   STEP3☐

② _____

③ _____

④ _____

05 STEP1☐ W: ① _____   STEP2☐   STEP3☐

② _____

③ _____

④ _____

06 STEP1 □ W: ① _____

② _____

③ _____

④ _____

STEP2 □　　STEP3 □

07 STEP1 □ G: My cup has a _____ on it.

STEP2 □　　STEP3 □

08 STEP1 □ W: Are you _____?

B: Not yet. What _____ is it?

W: It's already _____ o'clock.

STEP2 □　　STEP3 □

09 STEP1 □ ① G: You look _____ today.

B: Thank you.

② G: Is it raining outside?

B: No, it's too big.

③ G: Who gave it to you?

B: My _____ gave it to me.

④ G: Why are you crying?

B: I can't _____ my bag.

STEP2 □　　STEP3 □

10 STEP1 □ B: What are you _____?

W: I'm making some cookies.

B: Oh, can I _____ you?

W: Yes. Can you get me the _____?

STEP2 □　　STEP3 □

'쿠키'와 같은 과자를 미국에서는 주로 cookie라고 하고, 영국에서는 주로 biscuit이라고 한답니다.

11 STEP1 □ M: The steak here is so _____!

G: Yeah. And I really like these French fries.

M: Do you _____ more juice?

G: Yes, _____.

STEP2 □　　STEP3 □

'감자튀김'은 미국식 영어 단어로는 French fries, 영국식 영어 단어로는 chips라고 한답니다!

12 STEP1 □ G: What's your favorite season?

B: I like summer _____.

G: _____ do you like summer?

B: It's because my _____ is in summer.

STEP2 □　　STEP3 □

각 계절은 영어로 무엇일까요? spring(봄), summer(여름), fall(가을), winter(겨울)이랍니다. 가을을 autumn이라고 쓰기도 한다는 것도 함께 기억해 두세요!

13 STEP1 □ W: ① Don't _____ here.

② Don't drink here.

③ Don't _____ here.

④ Don't _____ here.

STEP2 □　　STEP3 □

14 STEP1 □ B: Who's _____ in the _____?

STEP2 □　　STEP3 □

15 STEP1 □ G: I really like watching _____.

B: Me, _____!

G: What _____ of movies do you like?

STEP2 □　　STEP3 □

Listen & Speak Up 10

● 앞에서 만났던 중요 표현에 대해 자세히 알아볼까요?

01 Who's this in the picture?

I am을 I'm으로, It is를 It's로 줄여서 쓰기도 한다고 했던 것 기억하나요? Who's도 Who is를 줄여서 나타낸 거랍니다. 누군가 초인종을 울렸을 때, '누구세요?'라고 묻고, 친구가 보여 준 사진 속에서 모르는 사람이 있을 때 '이 사람은 누구야?'라고 묻기도 하죠? who는 누구인지 물어볼 때, 문장 맨 앞에 놓고 사용하는 단어랍니다. 앞으로 누구인지 물어볼 때 who를 이용해서 말해 보세요.

다양한 문장으로 연습해 볼까요?

- ■ Who's next? 다음은 누구 차례인가요?
- ■ Who is that boy? 저 남자아이는 누구야?
- ■ Who's this in the picture? 사진 속의 이 분은 누구셔?
- ■ Who is your best friend? 누가 너의 가장 친한 친구니?

 집에 있는데 초인종이 울리면, 우리는 '누구세요?' 하고 묻죠?
영어로는 Who's there?이라고 한답니다! 이 표현도 꼭 기억하세요!

02 Don't drink here.

장소에 따라서 하지 말아야 하는 행동이 있죠? 도서관에서는 '떠들지 말기', 복도에서는 '뛰지 않기', 또 위험한 장소에는 '들어가지 않기'처럼 말이죠. 그리고 우리는 이러한 금지 표현들을 표지판으로 보기도 해요. 영어로 무언가를 하지 말라고 금지할 때에는 문장 맨 앞에 don't를 써서 주로 Don't ~.라는 표현을 사용해요. Don't는 Do not을 줄여서 쓴 것이랍니다. Don't 뒤에 금지하고 싶은 동작을 사용해서 '~하지 마세요.'라고 표현해 보세요. please를 붙이면 좀 더 부드럽게 말할 수도 있답니다.

여러 가지 금지 표현을 연습해 보세요.

- ■ Don't run. 뛰지 마세요.
- ■ Don't drink here. 여기에서 음료를 마시지 마세요.
- ■ Don't swim here. 여기에서 수영하지 마세요.
- ■ Don't touch this. 이것을 만지지 마세요.
- ■ Don't take photos. 사진을 찍지 마세요.

 걱정하고 있는 친구 또는 가족이 있다면 Don't worry!라고 말해 보세요.
Don't ~. 로 표현했지만, 위 문장은 '걱정하지 매'라는 뜻으로 위로와 격려를 할 때 쓴답니다.

FLY UP

| 정답과 해설 44쪽 |

● MP3 파일을 잘 듣고, 다음 빈칸을 채워 대화를 완성해 보세요.

A에는 B의 대답에 어울리는 질문이, B에는 A의 질문에 어울리는 대답이 들어갈 거예요. A와 B가 어떠한 대화를 나누게 될까요?

01 A: **What time is it?**

몇 시예요?

B: It's seven thirty.

7시 30분이에요.

02 A: Why are you crying?

너는 왜 울고 있니?

B: _____

_____

03 A: _____

_____

B: Yes, please.

네, 그렇게 해 주세요.

04 A: What are you doing?

너는 뭐 하고 있니?

B: _____

_____

05 A: _____

_____

B: I like spring most.

나는 봄을 가장 좋아해.

● 주어진 우리말 의미에 맞게 영어로 말해 보세요.

STEP 1 우리말을 읽고 영어로 말해 봐요. 말한 뒤에는 네모 박스에 체크해요.

STEP 2 주어진 단어들을 알맞게 배열하여 문장을 완성해요.

01 너 오늘 멋져 보인다. [great, you, today, look]

STEP 1 □

STEP 2 _____

02 너는 왜 울고 있니? [crying, you, why, are]

STEP 1 □

STEP 2 _____

03 그녀가 그것을 내게 줬어. [she, gave, me, to, it]

STEP 1 □

STEP 2 _____

04 밖에 눈이 오고 있니? [snowing, it, is, outside]

STEP 1 □

STEP 2 _____

05 제가 당신을 좀 도와 드릴까요? [I, help, can, you]

STEP 1 □

STEP 2 _____

06 사진 속 이분은 누구인가요? [picture, in, this, the, who's]

STEP 1 □

STEP 2 _____

07 나는 영화 보는 것을 정말 좋아해. [really, I, watching, like, movies]

STEP 1 □

STEP 2 _____

초등

영어듣기평가
완벽대비
Listen & Speak Up

3-2

정답과 해설

Listen & Speak Up 1

WARM UP

| 01 책 | 02 의자 | 03 오이 | 04 좋아하다 | 05 자주색 |
| 06 날씨 | 07 화창한 | 08 다채로운 | 09 우산 | 10 돕다 |

LISTEN UP | JUMP UP

LISTEN UP 듣기평가 모의고사 1

| 01 ② | 02 ③ | 03 ② | 04 ① | 05 ④ | 06 ② | 07 ① | 08 ③ | 09 ③ | 10 ① |
| 11 ④ | 12 ④ | 13 ① | 14 ④ | 15 ② | | | | | |

LISTEN UP 문장 완성하기

A 01 go, picnic   02 my, umbrella

B 01 Hi, my name is John.   02 I really like this artist.

   03 She is my younger sister.

정답	JUMP UP 받아쓰기(스크립트)	해석
01 ②	W: Kk 또는 K, k	
02 ③	W: ① book ② bus ③ duck ④ bear	여자: ① 책 ② 버스 ③ 오리 ④ 곰
03 ②	W: cat	여자: 고양이
04 ① 그림의 시계를 나타내는 단어는 ① 'clock'입니다.	W: ① clock ② chair ③ bag ④ door	여자: ① 시계 ② 의자 ③ 가방 ④ 문

정답	JUMP UP 받아쓰기(스크립트)	해석

05 ④

④ 'blueberry'는 과일에 속하며, 색깔에 속하지 않습니다.

W: ① red
② green
③ orange
④ blueberry

여자: ① 빨간색
② 초록색
③ 주황색
④ 블루베리

06 ②

그림의 광고지에서 찾을 수 없는 것은 ② 'carrot'입니다.

W: ① potato
② carrot
③ broccoli
④ cucumber

여자: ① 감자
② 당근
③ 브로콜리
④ 오이

07 ①

남자아이는 자주색 곰 인형을 좋아한다고 했으므로 정답은 ①입니다.

중요 어휘
• purple 자주색
• teddy bear 곰 인형

B: I like the purple teddy bear.

소년: 나는 자주색 곰 인형을 좋아해.

08 ③

여자아이는 로봇을 열한 개 가지고 있다고 하였으므로 정답은 ③ '로봇 – 11'입니다.

중요 어휘
• a lot of 많은

G: I have a lot of robots.
B: How many robots do you have?
G: Eleven.

소녀: 나는 로봇을 많이 가지고 있어.
소년: 로봇을 얼마나 많이 가지고 있어?
소녀: 열한 개.

09 ③

'날씨가 어때?'라는 물음에, '나는 눈을 좋아해.'라고 대답하는 것은 어색하므로 정답은 ③입니다.

중요 어휘
• gift 선물
• weather 날씨
• snow 눈
• map 지도

① G: Hello, I'm Jenna.
B: Hi, my name is Tom.
② G: What's this?
B: It's a gift for you.
③ G: How's the weather?
B: I like snow.
④ G: Do you have a map?
B: Yes, I do.

① 소녀: 안녕, 나는 Jenna야.
소년: 안녕, 내 이름은 Tom이야.
② 소녀: 이것은 뭐야?
소년: 너를 위한 선물이야.
③ 소녀: 날씨가 어때?
소년: 나는 눈을 좋아해.
④ 소녀: 너는 지도를 가지고 있니?
소년: 응, 가지고 있어.

10 ①

'내일은 화창할 거야.'라고 했으므로, 정답은 ①입니다.

중요 어휘
• picnic 소풍
• sunny 화창한

B: Let's go on a picnic tomorrow.
G: Sounds great. Let's check the weather.
B: I checked it. It'll be sunny tomorrow.
G: Great!

소년: 내일 소풍 가자.
소녀: 좋아. 날씨를 확인해 보자.
소년: 내가 확인했어. 내일은 화창할 거야.
소녀: 잘됐다!

정답	JUMP UP 받아쓰기(스크립트)	해석

11 ④

그림과 화가에 대해 이야기하고, '이제 피카소의 그림을 보러 가자!'라고 말하고 있습니다. 그러므로 두 사람이 대화를 나누는 장소는 ④ '미술관'이라는 것을 알 수 있습니다.

중요 어휘

· painting 그림
· beautiful 아름다운
· colorful 다채로운

G: Look, this painting is beautiful.
B: Yeah, it's so colorful.
G: I really like this artist.
B: Me, too!
G: Let's go see the painting by Picasso now!

소녀: 봐, 이 그림 아름답다.
소년: 응, 정말 다채롭다.
소녀: 나는 이 화가가 정말 좋아.
소년: 나도 그래!
소녀: 이제 피카소의 그림을 보러 가자!

12 ④

두 사람은 사진 속 ④ '여자아이의 남동생'에 대해 대화를 나누고 있습니다.

중요 어휘

· family photo 가족사진
· brother 남자 형제 (오빠 / 형 / 남동생)

B: Is this your family photo?
G: Yes, it is.
B: Who is this little boy?
G: He's my younger brother.
B: Oh, he's very cute.

소년: 이것은 너의 가족사진이야?
소녀: 응, 맞아.
소년: 이 어린 남자아이는 누구야?
소녀: 그는 내 남동생이야.
소년: 오, 정말 귀엽다.

13 ①

여자아이가 동물원 우리 안에 있는 원숭이의 손을 잡으려고 하고 있으므로, ① 'Don't touch that.'이라는 말이 알맞습니다.

중요 어휘

· touch 만지다
· run 달리다, 뛰다
· here 여기에서

W: ① Don't touch that.
② Don't run here.
③ Please be quiet.
④ Stand in line, please.

여자: ① 저것을 만지지 마세요.
② 여기에서 뛰지 마세요.
③ 조용히 해 주세요.
④ 줄을 서 주세요.

14 ④

오늘 날씨가 어떤지 물었으므로, ④ 'It's cloudy.'라는 응답이 알맞습니다.

중요 어휘

· weather 날씨
· bear 곰
· yellow 노란색
· cloudy 흐린, 구름이 많은

G: How's the weather today?

소녀: 오늘 날씨가 어떠니?
① 나는 Amy야.
② 그것은 곰이야.
③ 그것은 노란색이야.
④ 날씨가 흐려.

정답	JUMP UP 받아쓰기(스크립트)	해석

15 ②

우산의 색깔을 물었으므로,
② 'It's brown.'이라는 응답
이 알맞습니다.

중요 어휘
· look for ~을 찾다
· umbrella 우산
· color 색깔

B: What are you doing?
G: I'm looking for my umbrella.
B: I can help you. What color is it?

소년: 너 뭐 하고 있어?
소녀: 나는 내 우산을 찾고 있어.
소년: 내가 도와줄 수 있어. 무슨 색이야?
① 그것은 작아.
② 그것은 갈색이야.
③ 비가 오고 있어.
④ 그것은 당근이야.

 **FLY UP**

본문 19쪽

01 A: What's that? / 저건 뭐예요?

02 B: It's cloudy. / 구름이 많아요. [흐린 날씨예요.]

03 A: What color is it? / 그것은 무슨 색깔이에요?

04 B: He's my older brother. / 그는 나의 형[오빠]이에요.

05 A: What are you doing? / 너는 무엇을 하고 있니?

 **SPEAK UP**

본문 20쪽

01 I like snow.

02 My name is Jiu.

03 Please be quiet. [Be quiet, please.]

04 He is very cute.

05 My younger sister is tall.

06 Let's check the weather.

07 How many robots do you have?

Listen & Speak Up 2

본문 21쪽

01 편지	02 뱀	03 가위	04 슬픈	05 작은
06 책상	07 우주	08 가지고 있다	09 선물	10 닫다

LISTEN UP | JUMP UP

LISTEN UP 듣기평가 모의고사 2

본문 22~25쪽

01 ③	02 ④	03 ①	04 ④	05 ①	06 ②	07 ④	08 ①	09 ②	10 ④
11 ②	12 ④	13 ④	14 ③	15 ④					

LISTEN UP 문장 완성하기

본문 26쪽

A 01 favorite, doll 　　　　　　　　02 Nice, meet

B 01 Can you swim? 　　　　　　　　02 Where is your brother?

　 03 What are you doing?

정답	JUMP UP 받아쓰기(스크립트)	해석
01 ③	W: Ss 또는 S, s	
02 ④	W: ① lion ② letter ③ lemon ④ rose	여자: ① 사자 ② 편지 ③ 레몬 ④ 장미
03 ①	W: hide	여자: 숨다, 숨기다
04 ④ 그림의 의자를 나타내는 단어는 ④ 'chair'입니다.	W: ① map ② textbook ③ desk ④ chair	여자: ① 지도 ② 교과서 ③ 책상 ④ 의자

정답	JUMP UP 받아쓰기(스크립트)	해석

05 ①

① 'onion'은 채소에 속하며, 동물에 속하지 않습니다.

W: ① onion
② pig
③ snake
④ bear

여자: ① 양파
② 돼지
③ 뱀
④ 곰

06 ②

그림의 필통에서 찾을 수 있는 것은 ② 'ruler'입니다.

W: ① scissors
② ruler
③ crayon
④ mirror

여자: ① 가위
② 자
③ 크레용
④ 거울

07 ④

남자아이가 자신이 가장 좋아하는 장난감을 잃어버려서 슬프다고 했으므로 정답은 ④입니다.

중요 어휘
· lose 잃어버리다
· favorite
  가장[매우] 좋아하는
· toy 장난감
· sad 슬픈

B: I lost my favorite toy. I'm sad now.

소년: 내가 가장 좋아하는 장난감을 잃어버렸어. 나는 지금 슬퍼.

08 ①

여자아이는 강아지의 나이가 9개월이라고 하였으므로 정답은 ① '강아지 – 9개월'입니다.

중요 어휘
· puppy 강아지
· small 작은
· nine 9, 아홉
· month 달(개월)

G: Look! This is my puppy, Macy.
B: She's so small. How old is she?
G: She's nine months old.

소녀: 봐! 내 강아지 Macy야.
소년: 정말 작다. 몇 살이야?
소녀: 9개월이야.

09 ②

'고마워.'라는 말에 '미안해.'라고 대답하는 것은 어색하므로 정답은 ②입니다.

중요 어휘
· meet 만나다
· sorry 미안한
· swim 수영하다

① G: Nice to meet you.
  B: Nice to meet you, too.
② G: Thank you.
  B: I'm sorry.
③ G: Do you have scissors?
  B: Yes, I do.
④ G: Can you swim?
  B: Of course, I can.

① 소녀: 만나서 반가워.
  소년: 나도 만나서 반가워.
② 소녀: 고마워.
  소년: 미안해.
③ 소녀: 너 가위 가지고 있니?
  소년: 응, 가지고 있어.
④ 소녀: 너 수영할 수 있니?
  소년: 물론, 할 수 있어.

정답	JUMP UP 받아쓰기(스크립트)	해석

10 ④

모자를 찾고 있는 주원이에게 '그것은 책상 아래에 있어.'라고 했으므로, 정답은 ④입니다.

중요 어휘
· look for ~을 찾다
· cap 모자
· anywhere
  어디에서도; 어디든
· under ~ 아래에

G: Hi, Juwon. What are you looking for?
B: My <u>cap</u>. I can't see it anywhere.
G: Over there! It's <u>under</u> the <u>desk</u>.
B: Oh, there it is! Thank you.

소녀: 안녕, 주원아. 무엇을 찾고 있니?
소년: 내 모자. 전혀 보이지가 않네.
소녀: 저기 저쪽! 그것은 책상 아래에 있어.
소년: 오, 저기 있구나! 고마워.

11 ②

남자아이는 책을 많이 가지고 있고, 책 읽는 것을 좋아한다고 말했으므로, 정답은 ② '책 읽기'입니다.

중요 어휘
· a lot of 많은
· read 읽다
· space 우주

G: Wow, you <u>have</u> a lot of books.
B: Yeah, I like reading books.
G: Do you have <u>books</u> about <u>space</u>?
B: Yes, I do.

소녀: 우와, 너 책을 많이 가지고 있구나.
소년: 응, 나는 책 읽는 것을 좋아하거든.
소녀: 우주에 대한 책도 가지고 있니?
소년: 응, 가지고 있어.

12 ④

생일 선물이 무엇인지 묻는 물음에 '인형이야.'라고 답하고 있으므로 정답은 ④ '인형'입니다.

중요 어휘
· look at ~을 보다
· birthday 생일
· gift 선물

B: What are you <u>looking</u> at?
G: I'm looking at my birthday <u>gift</u>.
B: What is it?
G: It's a <u>doll</u>.

소년: 무엇을 보고 있어?
소녀: 내 생일 선물을 보고 있어.
소년: 그것은 무엇이니?
소녀: 인형이야.

13 ④

엄마가 양손에 짐을 들고 있고, 그 뒤에는 문이 열려 있는 상태이므로 ④ 'Can you close the door, please?'라는 말이 알맞습니다.

중요 어휘
· line up 줄 서다
· stand up 일어서다
· open 열다
· close 닫다

W: ① Can you line up, please?
   ② Can you <u>stand</u> up, please?
   ③ Can you <u>open</u> the door, please?
   ④ Can you <u>close</u> the door, please?

여자: ① 줄을 서 줄 수 있을까?
     ② 일어서 줄 수 있을까?
     ③ 문을 열어 줄 수 있을까?
     ④ 문을 닫아 줄 수 있을까?

정답	JUMP UP 받아쓰기(스크립트)	해석
14 ③ 그녀가 누구인지 물었으므로, ③ 'She is my aunt.'라는 응답이 알맞습니다. **중요 어휘** • cute 귀여운 • aunt 이모, 고모	G: Who is <u>she</u>?	소녀: 그녀는 누구야? ① 그녀는 귀여워. ② 그녀는 상자를 가지고 있어. ③ 그녀는 나의 이모[고모]야. ④ 그녀는 피자를 좋아해.
15 ④ 무엇을 하고 있는지 물었으므로, ④ 'I'm cooking now.'라는 응답이 알맞습니다. **중요 어휘** • skate 스케이트를 타다 • pen 펜 • cook 요리하다	B: Mom, I'm home. <u>Where</u> are you? W: I'm in the <u>kitchen</u>. B: <u>What</u> are you doing?	소년: 엄마, 저 집에 왔어요. 어디 계세요? 여자: 부엌에 있어. 소년: 뭐 하고 계세요? ① 나는 Emma라고 해. ② 나는 스케이트를 탈 수 있어. ③ 나는 펜을 하나 가지고 있어. ④ 나는 지금 요리하고 있어.

 **FLY UP**

본문 31쪽

01 A: How old is he? / 그는 몇 살인가요?

02 B: I'm studying now. / 나는 지금 공부하고 있어요.

03 A: Who is she? / 그녀는 누구인가요?

04 B: I'm in the kitchen. / 나는 부엌에 있어.

05 A: What are you looking at? / 너는 무엇을 보고 있니?

SPEAK UP

본문 32쪽

01 Who is he?

02 This is my cat.

03 I am happy now.

04 Nice to meet you.

05 It is under the desk.

06 I like reading books.

07 Please close the door. [Close the door, please.]

Listen & Speak Up 3

WARM UP

| 01 비누 | 02 의사 | 03 피곤한 | 04 휴식 | 05 공룡 |
| 06 수영 선수 | 07 나비 | 08 먹다 | 09 알다 | 10 정말로 |

LISTEN UP   JUMP UP

LISTEN UP   듣기평가 모의고사 3

| 01 ④ | 02 ① | 03 ③ | 04 ④ | 05 ② | 06 ③ | 07 ② | 08 ④ | 09 ③ | 10 ① |
| 11 ② | 12 ④ | 13 ③ | 14 ① | 15 ④ | | | | | |

LISTEN UP   문장 완성하기

A 01 twelve, books   02 like, pizza

B 01 I know that person.   02 I am so tired now.

　 03 I want to be a baseball player.

정답	JUMP UP 받아쓰기(스크립트)	해석
01 ④	W: Tt 또는 T, t	
02 ①	W: ① zero ② star ③ spoon ④ smile	여자: ① 0, 영, 제로 ② 별 ③ 숟가락 ④ 미소, 웃음
03 ③	W: land	여자: 육지, 땅
04 ④ 그림의 칫솔을 나타내는 단어는 ④ 'toothbrush'입니다.	W: ① soap ② towel ③ shampoo ④ toothbrush	여자: ① 비누 ② 수건 ③ 샴푸 ④ 칫솔

정답	JUMP UP 받아쓰기(스크립트)	해석

05 ②

② 'doctor'는 직업의 한 종류로, 가족에 속하는 단어가 아닙니다.

W: ① sister
② doctor
③ brother
④ grandmother

여자: ① 여자 형제 (언니/누나/여동생)
② 의사
③ 남자 형제 (형/오빠/남동생)
④ 할머니

06 ③

그림의 옷장에서 찾을 수 없는 것은 ③ 'socks'입니다.

W: ① cap
② skirt
③ socks
④ pants

여자: ① 모자
② 치마
③ 양말
④ 바지

07 ②

여자아이가 노란색 나비와 파란색 꽃을 칠하고 있다고 말했으므로 정답은 ②입니다.

중요 어휘
· paint 색칠하다
· yellow 노란색
· blue 파란색
· flower 꽃

G: I'm painting a yellow butterfly and a blue flower.

소녀: 나는 노란색 나비와 파란색 꽃을 칠하고 있어.

08 ④

남자아이가 공룡에 관한 책 열세 권을 읽었다고 했으므로 정답은 ④ '공룡 – 13'입니다.

중요 어휘
· read 읽다
· dinosaur 공룡
· thirteen 13, 열셋

B: I read a lot of books about dinosaurs.
G: How many books did you read?
B: I read thirteen books.

소년: 나는 공룡에 관한 많은 책을 읽었어.
소녀: 몇 권의 책을 읽었어?
소년: 나는 열세 권의 책을 읽었어.

09 ③

'너는 치킨을 좋아하니?'라는 물음에, '나는 춤출 수 있어.'라고 대답하는 것은 어색하므로 정답은 ③입니다.

중요 어휘
· today 오늘
· Sunday 일요일
· dance 춤추다
· black 검정색

① G: I'm sorry.
　 B: That's okay.
② G: What day is it today?
　 B: It's Sunday.
③ G: Do you like chicken?
　 B: I can dance.
④ G: What color is it?
　 B: It's black.

① 소녀: 미안해.
　 소년: 괜찮아.
② 소녀: 오늘이 무슨 요일이니?
　 소년: 일요일이야.
③ 소녀: 너는 치킨을 좋아하니?
　 소년: 나는 춤출 수 있어.
④ 소녀: 그것은 무슨 색깔이니?
　 소년: 검정색이야.

정답	JUMP UP 받아쓰기(스크립트)	해석

10 ①

어제 하루 종일 축구를 해서 '지금 매우 피곤해.'라고 했으므로 정답은 ①입니다.

중요 어휘
- all day long 하루 종일
- tired 피곤한
- rest 휴식

G: What did you do yesterday?
B: I played <u>soccer</u> all day long. I'm so <u>tired</u> now.
G: Get some <u>rest</u>.

소녀: 어제 뭐 했어?
소년: 하루 종일 축구를 했어. 지금 매우 피곤해.
소녀: 좀 쉬어.

11 ②

오후에 영화를 보러 가자는 제안을 수락하고, 2시 정각에 만나자는 대화를 나누고 있습니다. 그러므로 두 사람이 오후에 할 일은 ② '영화 보기'라는 것을 알 수 있습니다.

중요 어휘
- plan 계획
- afternoon 오후
- movie 영화

G: Do you <u>have</u> any plans for this afternoon?
B: No, I don't.
G: How about going to see a <u>movie</u> with me?
B: Great! What time should we meet?
G: Let's <u>meet</u> at 2 o'clock.

소녀: 오늘 오후에 계획 있어?
소년: 아니, 없어.
소녀: 나랑 영화 보러 가는 거 어때?
소년: 좋아! 몇 시에 만날까?
소녀: 2시 정각에 만나자.

12 ④

수영을 잘하냐는 남자아이의 물음에 여자아이는 잘한다고 하며 수영 선수가 되고 싶다고 말하고 있습니다. 그러므로 정답은 ④ '수영'입니다.

중요 어휘
- swimming pool 수영장
- want 원하다
- swimmer 수영 선수

G: How about going to the swimming pool?
B: Sorry, I can't swim. Can you <u>swim</u> well?
G: Yes, I can. I <u>want</u> to be a <u>swimmer</u>.
B: Wow, that's cool.

소녀: 수영장 가는 거 어때?
소년: 미안해, 나는 수영을 못해. 너는 수영 잘해?
소녀: 응, 잘해. 나는 수영 선수가 되고 싶어.
소년: 우와, 멋지다.

13 ③

길을 건너려는 여자아이에게 조심하라고 경고하는 상황이므로, ③ 'Watch out!'이 알맞습니다.

중요 어휘
- close 닫다
- door 문
- call 전화하다
- now 지금

W: ① <u>Close</u> the door!
② <u>Help</u> me, please!
③ <u>Watch</u> out!
④ Call me now.

여자: ① 문을 닫아!
② 나를 도와줘!
③ 조심해!
④ 나에게 지금 전화해.

정답	JUMP UP 받아쓰기(스크립트)	해석

14 ①

무엇을 먹는 게 좋은지 물었으므로, ① 'I like spaghetti.'라는 응답이 알맞습니다.

중요 어휘
· eat 먹다
· uncle 삼촌, 외삼촌, 고모부, 이모부
· windy 바람이 많이 부는
· pencil case 필통

G: What do you <u>like</u> to eat?

소녀: 너는 뭐 먹는 게 좋아?
① 나는 스파게티를 좋아해.
② 그는 나의 삼촌이야.
③ 오늘은 바람이 부네.
④ 저것은 내 필통이야.

15 ④

그녀가 누구인지 물었으므로, ④ 'She is my music teacher.'라는 응답이 알맞습니다.

중요 어휘
· know 알다
· teacher 선생님

B: Look over there! Someone is playing the piano.
G: Ah, I <u>know</u> her.
B: Really? <u>Who</u> is she?

소년: 저기 봐! 누군가 피아노를 연주하고 있어.
소녀: 아, 나 저분을 알아.
소년: 정말? 그녀는 누구야?
① 이것은 내 피아노야.
② 집에 갈 시간이야.
③ 나는 피아노 연주하는 것을 좋아해.
④ 그녀는 나의 음악 선생님이야.

 **FLY UP**

본문 43쪽

01 A: What do you like to eat? / 뭐 먹는 걸 좋아하나요?

02 B: It's white. / 그것은 하얀색이에요.

03 A: Where should we meet? / 우리 어디에서 만날까?

04 B: He is my uncle. / 그는 나의 삼촌이에요.

05 A: What did you do last night? / 너는 어젯밤에 뭐 했니?

01   I can dance.

02   Get some rest.

03   Do you like cake?

04   Watch out!

05   Look over there!

06   What day is it today?

07   I'm drawing a flower.

Listen & Speak Up 4

WARM UP

01 나의 것	02 지구	03 로봇	04 누구의	05 빌리다
06 지하철	07 미래	08 유명한	09 타다; 가져가다	10 필요하다

LISTEN UP | JUMP UP

LISTEN UP 듣기평가 모의고사 4

01 ④	02 ④	03 ②	04 ①	05 ②	06 ①	07 ②	08 ③	09 ②	10 ①
11 ③	12 ④	13 ④	14 ②	15 ③					

LISTEN UP 문장 완성하기

A 01 borrow, eraser   02 take, bus

B 01 I will take this.   02 Take this bag!

　03 He is in the library.

정답	JUMP UP 받아쓰기(스크립트)	해석
01 ④	W: ① goat 　② green 　③ gift 　④ window	여자: ① 염소 　② 초록색 　③ 선물 　④ 창문
02 ④	W: hat 　① blue 　② doll 　③ melon 　④ horse	여자: 모자 　① 파란색 　② 인형 　③ 멜론 　④ 말
03 ②	W: mine	여자: 나의 것

정답	JUMP UP 받아쓰기(스크립트)	해석

04 ①

그림의 태양을 나타내는 단어는 ① 'sun'입니다.

W: ① sun
    ② star
    ③ moon
    ④ earth

여자: ① 태양
    ② 별
    ③ 달
    ④ 지구

05 ②

② 'fan'은 옷에 속하지 않습니다.

W: ① shirt
    ② fan
    ③ sweater
    ④ coat

여자: ① 셔츠
    ② 선풍기, 부채
    ③ 스웨터
    ④ 코트

06 ①

그림의 공원에서 찾을 수 없는 것은 ① 'cat'입니다.

W: ① cat
    ② bag
    ③ tree
    ④ bench

여자: ① 고양이
    ② 가방
    ③ 나무
    ④ 벤치

07 ②

여자아이는 파란색 필통을 가지고 있다고 이야기했으므로 정답은 ②입니다.

중요 어휘
· new 새, 새로 산, 새로운
· blue 파란색/파란

G: I have a new pencil case. It's blue.

소녀: 나는 새 필통이 있어. 그것은 파란색이야.

08 ③

남자아이는 개당 5달러짜리 로봇을 3개 산다고 하였으므로 정답은 ③ '3 – $15'입니다.

중요 어휘
· want 원하다
· take 사다
· fifteen 숫자 15

B: I want this robot. How much is it?
W: It's five dollars.
B: I'll take three. Here's fifteen dollars.

소년: 전 이 로봇을 사려고요. 얼마인가요?
여자: 5달러예요.
소년: 저 세 개 살게요. 여기 15달러요.

09 ②

'이것은 누구의 가방이니?'라는 물음에 '난 책을 가지고 있지 않아.'라고 대답하는 것은 어색하므로 정답은 ②입니다.

중요 어휘
· this 이것
· whose 누구의
· centimeter
  센티미터(길이의 단위)

① G: What's this?
   B: It's my new jacket.
② G: Whose bag is this?
   B: I don't have a book.
③ G: How tall are you?
   B: I'm 143 centimeters tall.
④ G: How many brothers do you have?
   B: I have two brothers.

① 소녀: 이건 뭐야?
   소년: 그것은 나의 새 재킷이야.
② 소녀: 이것은 누구의 가방이니?
   소년: 난 책을 가지고 있지 않아.
③ 소녀: 너는 키가 얼마나 크니?
   소년: 143 센티미터야.
④ 소녀: 넌 남자 형제가 몇 명이 있어?
   소년: 두 명 있어.

정답	JUMP UP 받아쓰기(스크립트)	해석
• How many ~? 얼마나 많은 ~? / 몇 명의, 몇 개의 ~?		

10 ①
여자아이가 '지우개'를 빌려
달라고 했으므로 정답은 ①
입니다.

• borrow 빌리다
• eraser 지우개
• of course 그럼, 물론이지

G: Jun, can I <u>borrow</u> your eraser?
B: Of course. Here <u>it</u> is.
G: <u>Thanks.</u>

소녀: 준, 너의 지우개를 빌릴 수 있을까?
소년: 그럼. 여기 있어.
소녀: 고마워.

11 ③
Green Park에 지하철을 타
고 가자고 대화를 나누고 있
으므로, 두 사람이 이용할 교
통수단은 ③ '지하철'이라는
것을 알 수 있습니다.

• take (~을) 타다
• bus 버스
• subway 지하철

B: Mom, <u>how</u> do we go to Green Park?
W: We can take a <u>bus</u> or subway.
B: I like the subway.
W: Okay, let's <u>take</u> the subway.

소년: 엄마, Green Park는 어떻게 가나요?
여자: 우리는 버스나 지하철을 탈 수 있어.
소년: 저는 지하철을 좋아해요.
여자: 그래, 우리 지하철 타고 가자.

12 ④
여자아이가 선생님이 되고
싶다고 하며 남자아이에게
넌 어떠냐고 묻자, 남자아이
는 ④ '작가'가 되고 싶다고
대답하고 있습니다.

• in the future 미래에
• teacher 교사
• famous 유명한
• writer 작가

B: What do you want to be in the <u>future</u>?
G: I want to be a teacher. How <u>about</u> you?
B: I want to be a famous <u>writer</u>.
G: Great!

소년: 미래에 뭐가 되고 싶니?
소녀: 난 선생님이 되고 싶어. 넌 어때?
소년: 나는 유명한 작가가 되고 싶어.
소녀: 멋지다!

13 ④
밖에 비가 오고 있으므로, ④
'이 우산을 챙겨 가'라는 말
이 알맞습니다.

• take 챙기다, 가지고 가다,
데리고 가다
• umbrella 우산

W: ① Take this <u>hat</u>!
② Take this <u>bag</u>!
③ Take these <u>shoes</u>!
④ Take this umbrella!

여자: ① 이 모자를 챙겨 가!
② 이 가방을 챙겨 가!
③ 이 신발을 챙겨 가!
④ 이 우산을 챙겨 가!

정답	JUMP UP 받아쓰기(스크립트)	해석

14 ②

갈색 모자가 어디에 있는지 물었으므로 ② 'It's on the bed.'라는 응답이 알맞습니다.

중요 어휘
· where 어디에
· brown 갈색(의)
· cap 모자
· bad 나쁜
· bed 침대
· T-shirt 티셔츠(목이 둥근 반팔)

B: Where's my brown cap?

소년: 내 갈색 모자는 어디에 있어?
① 그것은 나쁘지 않아.
② 그것은 침대 위에 있어.
③ 이것이 네 연필이니?
④ 난 내 티셔츠를 좋아하지 않아.

15 ③

그가 무엇을 하고 있는지 물었으므로, ③ 'He's reading a book.'이라는 응답이 알맞습니다.

중요 어휘
· living room 거실
· need 필요하다
· watch TV TV 보다

W: Where is your brother?
B: He's in the living room.
W: What is he doing?

여자: 형은 어디 있니?
소년: 거실에 있어요.
여자: 뭐 하고 있어?
① 그는 행복해요.
② 그는 새 모자가 필요해요.
③ 그는 책을 읽고 있어요.
④ 그는 TV 보는 것을 좋아해요.

 **FLY UP**

본문 55쪽

01 A: What's this? / 이것은 무엇인가요?

02 B: It's my mom's cup. / 그것은 우리 엄마의 컵이에요.

03 A: What is he doing? / 그는 무엇을 하고 있나요?

04 B: I want to be a doctor. / 나는 의사가 되고 싶어.

05 A: Where is your sister? / 너의 여자 형제(언니, 누나, 여동생)는 어디에 있니?

 **SPEAK UP**

본문 56쪽

01 I will take two.

02 It is a new dress.

03 Can I borrow your pen?

04 How about you?

05 What do you want to be?

06 Take this umbrella!

07 It is on the table.

Listen & Speak Up 5

WARM UP

01 약간의, 몇몇의	02 크레용	03 열	04 무거운	05 뛰다, 뛰어오르다
06 배드민턴	07 밖에	08 서점	09 걷다, 걸어가다	10 도서관

LISTEN UP | JUMP UP

LISTEN UP 듣기평가 모의고사 5

01 ④	02 ③	03 ④	04 ③	05 ②	06 ①	07 ②	08 ①	09 ④	10 ②
11 ②	12 ③	13 ④	14 ②	15 ④					

LISTEN UP 문장 완성하기

A 01 many, apples   02 have, cat

B 01 Let's go shopping.   02 Turn off the water. [Turn the water off.]

   03 I have a tennis lesson.

정답	JUMP UP 받아쓰기(스크립트)	해석
01 ④	W: ① kite ② king ③ key ④ queen	여자: ① 연 ② 왕 ③ 열쇠 ④ 여왕
02 ③	W: igloo ① airplane ② egg ③ ink ④ yogurt	여자: 이글루 ① 비행기 ② 달걀 ③ 잉크 ④ 요거트
03 ④	W: some	여자: 약간의, 몇몇의
04 ③ 그림의 연필을 나타내는 단	W: ① crayon	여자: ① 크레용

정답	JUMP UP 받아쓰기(스크립트)	해석
어는 ③ 'pencil'입니다.	② eraser ③ pencil ④ ruler	② 지우개 ③ 연필 ④ 자
05 ② ② 'steak'는 채소에 속하지 않습니다.	W: ① carrot ② steak ③ onion ④ potato	여자: ① 당근 ② 스테이크 ③ 양파 ④ 감자
06 ① 그림의 식탁 위에서 찾을 수 있는 것은 ① 'fork'입니다.	W: ① fork ② knife ③ cake ④ jam	여자: ① 포크 ② 칼 ③ 케이크 ④ 잼
07 ② 여자아이는 아프고 열이 있다고 이야기했으므로 정답은 ②입니다. **중요 어휘** · sick 아픈 · fever 열	G: I'm sick. I have a fever.	소녀: 나는 아파. 나는 열이 있어.
08 ① 여자아이는 자신의 가방 안에 열두 권의 책이 있다고 말했으므로 ① '12'가 정답입니다. **중요 어휘** · heavy 무거운 · a lot of 많은	M: Your bag looks heavy. G: Yes. I have a lot of books today. M: How many books do you have? G: There are twelve books in my bag.	남자: 가방이 무거워 보이는구나. 소녀: 네. 저는 오늘 책이 많아요. 남자: 책이 몇 권이나 있어? 소녀: 가방 안에 열두 권의 책이 있어요.
09 ④ '무슨 요일이니?'라는 물음에, '오늘은 화창해.'라고 대답하는 것은 어색하므로 정답은 ④입니다. **중요 어휘** · can ~ 할 수 있다 · jump 뛰어오르다 · high 높이 · sunny 화창한	① G: I'm sorry. 　B: That's all right. ② G: Can you jump high? 　B: Yes, I can. ③ G: Do you have a cat? 　B: No, I don't. ④ G: What day is it? 　B: Today is sunny.	① 소녀: 미안해. 　소년: 괜찮아. ② 소녀: 너는 높이 뛸 수 있니? 　소녀: 응, 높이 뛸 수 있어. ③ 소녀: 너는 고양이가 있니? 　소년: 아니, 없어. ④ 소녀: 무슨 요일이니? 　소년: 오늘은 화창해.

정답	JUMP UP 받아쓰기(스크립트)	해석

10 ②

'밖에 바람이 너무 많이 부는데.'라고 했으므로 정답은 ②입니다.

중요 어휘

· play badminton
  배드민턴을 치다
· windy 바람이 많이 부는
· outside 밖에
· then 그러면
· go shopping 쇼핑하러 가다

G: Let's <u>play</u> badminton.
B: It's too <u>windy</u> outside.
G: Oh, then let's <u>go</u> shopping.

소녀: 우리 배드민턴 치자.
소년: 밖에 바람이 너무 많이 부는데.
소녀: 아, 그러면 쇼핑하러 가자.

---

11 ②

코끼리가 보인다고 하였고, 원숭이도 보러 가자고 하였으므로 두 사람이 대화를 나누는 장소는 ② '동물원'이라는 것을 알 수 있습니다.

중요 어휘

· elephant 코끼리
· so 정말로, 너무나, 대단히
· huge 큰, 거대한
· monkey 원숭이

M: Look at the animals!
G: Wow! I see <u>elephants</u>.
M: They're so <u>huge</u>.
G: Dad, let's go see the monkeys.
M: Okay, let's <u>do</u> that.

남자: 동물들 좀 봐!
소녀: 와! 코끼리네요.
남자: 그것들은 정말로 크구나.
소녀: 아빠, 우리 원숭이 보러 가요.
남자: 그래, 그렇게 하자.

---

12 ③

남자아이는 선생님이 되고 싶고, 여자아이는 간호사가 되고 싶다고 하며 서로의 ③ '장래 희망'에 대해 이야기하고 있습니다.

중요 어휘

· nurse 간호사
· like ~처럼, ~와 같은
· work 일하다
· hospital 병원

G: What do you want to be?
B: I want to be a teacher. How about you?
G: I want to be a <u>nurse</u> like my aunt, Amy.
B: Oh, is your <u>aunt</u> a nurse?
G: Yes, she works at the <u>hospital</u>.

소녀: 너는 어떤 사람이[무엇이] 되고 싶니?
소년: 나는 선생님이 되고 싶어. 너는 어때?
소녀: 나는 Amy 이모처럼 간호사가 되고 싶어.
소년: 아, 너의 이모는 간호사이셔?
소녀: 응, 그녀는 병원에서 일하셔.

---

13 ④

물을 튼 채 이를 닦고 있으므로, ④ 'Turn off the water.'이 알맞습니다.

중요 어휘

· wear 입다
· turn on 켜다
· put on 쓰다, 입다
· turn off (물을) 잠그다, 끄다

W: ① Wear a jacket.
  ② Turn <u>on</u> the TV.
  ③ Put on your <u>hat</u>.
  ④ Turn <u>off</u> the water.

여자: ① 재킷을 입으렴.
  ② TV를 켜렴.
  ③ 너의 모자를 쓰렴.
  ④ 물을 잠그렴.

정답	JUMP UP 받아쓰기(스크립트)	해석

14 ②

학교에 어떻게 가는지 물었으므로 ② 'I walk to school.'이라는 응답이 알맞습니다.

중요 어휘

· music 음악
· walk to school 학교에 걸어가다
· bookstore 서점

G: How do you go to school?

소녀: 너는 학교에 어떻게 가니?
① 나는 이 음악을 좋아해.
② 나는 학교에 걸어서 가.
③ 나는 많은 책을 가지고 있어.
④ 서점에 가자.

15 ④

오후에 무엇을 하는지 물었으므로, ④ 'I go to the library with my sister.'이라는 응답이 알맞습니다.

중요 어휘

· only child 외동딸, 외동아들
· I'd like to = I would like to ~하고 싶다
· library 도서관

B: What do you do on Saturdays?
G: I have a tennis lesson in the morning.
B: What about in the afternoon?

소년: 너는 토요일에는 무엇을 하니?
소녀: 나는 오전에 테니스 수업이 있어.
소년: 오후에는?
① 나는 외동이야.
② 나는 강아지가 있으면 좋겠어.
③ 나는 모자 쓰는 것을 좋아하지 않아.
④ 나는 내 여자 형제와 도서관에 가.

 **FLY UP**

본문 67쪽

01 A: Can you jump high? / 너는 높이 뛸 수 있니?

02 B: I want to be a teacher. / 나는 선생님이 되고 싶어.

03 A: Is your mom a doctor? / 너의 엄마는 의사이셔?

04 B: I walk to school. / 나는 학교에 걸어서 가.

05 A: What do you do on Sundays? / 너는 일요일에 무엇을 하니?

 **SPEAK UP**

본문 68쪽

01 I have a fever.

02 Can you sing?

03 She works at the hospital.

04 What day is it?

05 Let's play badminton.

06 Look at these books.

07 Put on your hat. [Put your hat on.]

Listen & Speak Up 6

WARM UP

본문 69쪽

| 01 희망 | 02 꽃병 | 03 기쁜 | 04 보여 주다 | 05 재미있는 |
| 06 사진 | 07 걱정하다 | 08 계단 | 09 휴대 전화 | 10 가까운 |

LISTEN UP · JUMP UP

LISTEN UP 듣기평가 모의고사 6

본문 70~73쪽

| 01 ② | 02 ④ | 03 ④ | 04 ③ | 05 ① | 06 ① | 07 ④ | 08 ③ | 09 ② | 10 ③ |
| 11 ④ | 12 ② | 13 ④ | 14 ② | 15 ③ | | | | | |

LISTEN UP 문장 완성하기

본문 74쪽

A 01 What, do   02 my, family

B 01 I played soccer with my friends.   02 Don't go there.

  03 It's my new cell phone.

정답	JUMP UP 받아쓰기(스크립트)	해석
01 ②	W: ① fork ② violin ③ fish ④ fan	여자: ① 포크 ② 바이올린 ③ 물고기 ④ 선풍기
02 ④	W: hope ① rope ② mouth ③ soap ④ hand	여자: 희망 ① 밧줄 ② 입 ③ 비누 ④ 손
03 ④	W: rice	여자: 쌀, 밥

정답 및 해설 23

정답	JUMP UP 받아쓰기(스크립트)	해석
04 ③ 그림의 꽃병을 나타내는 단어는 ③ 'vase'입니다.	W: ① flower 　 ② cup 　 ③ vase 　 ④ bowl	여자: ① 꽃 　　 ② 컵 　　 ③ 꽃병 　　 ④ 그릇
05 ① ① 'school'은 직업에 속하지 않습니다.	W: ① school 　 ② teacher 　 ③ doctor 　 ④ singer	여자: ① 학교 　　 ② 교사 　　 ③ 의사 　　 ④ 가수
06 ① 그림의 운동 가방에서 찾을 수 없는 것은 ① 'cap'입니다.	W: ① cap 　 ② helmet 　 ③ gloves 　 ④ skates	여자: ① 모자 　　 ② 헬멧 　　 ③ 장갑 　　 ④ 스케이트
07 ④ 남자아이는 미술 대회에서 우승해서 정말 기쁘다고 이야기했으므로 정답은 ④입니다. **중요 어휘** · so 정말, 매우 · glad 기쁜 · win 우승하다, 이기다 · contest 대회	B: I'm so <u>glad</u> to win the art <u>contest</u>.	소년: 나는 미술 대회에서 우승해서 정말 기뻐.
08 ③ 남자아이가 영화 시작 시간을 묻자, 여자아이가 1시에 시작한다고 대답했으므로 정답은 ③ '1시'입니다. **중요 어휘** · start 시작하다 · o'clock ~시 정각 · can't wait to 　 빨리 ~하고 싶다. · see 보다	B: What <u>time</u> does the <u>movie</u> start? G: It starts at one o'clock. B: I can't <u>wait</u> to see it.	소년: 영화는 몇 시에 시작해? 소녀: 1시 정각에 시작해. 소년: 빨리 보고 싶어.
09 ② '몇 시니?'라는 물음에, '오늘은 비가 와.'라고 대답하는 것은 어색하므로 정답은 ②입니다.	① G: What's your <u>name</u>? 　 B: My name is Anthony. ② G: What time is it? 　 B: Today is rainy.	① 소녀: 너의 이름은 뭐야? 　 소년: 내 이름은 Anthony야. ② 소녀: 몇 시니? 　 소년: 오늘은 비가 와.

정답	JUMP UP 받아쓰기(스크립트)	해석

중요 어휘
· rainy 비가 오는
· cook 요리사

③ G: How much is it?
  B: It's 10 dollars.
④ G: What does your mother do?
  B: She is a cook.

③ 소녀: 그것은 얼마야?
  소년: 10달러야.
④ 소녀: 너의 어머니는 무슨 일을 하셔?
  소년: 요리사이셔.

---

10 ③

'나는 줄넘기를 할 수 있어.' 라고 했으므로, 정답은 ③입니다.

중요 어휘
· play soccer 축구를 하다
· jump rope 줄넘기를 하다
· show 보여 주다

G: Can you play soccer well?
B: No, I can't. I can jump rope.
G: Great. Can you show me how?
B: Sure.

소녀: 너는 축구를 잘할 수 있니?
소년: 아니, 못해. 나는 줄넘기를 할 수 있어.
소녀: 멋지네. 어떻게 하는지 내게 보여 줄 수 있니?
소년: 물론이지.

---

11 ④

주말에 무엇을 했냐는 질문에 사촌과 함께 야구를 했다고 말했으므로 정답은 ④ '야구 하기'입니다.

중요 어휘
· weekend 주말
· play baseball 야구를 하다
· with ~와 함께
· cousin 사촌

G: How was your weekend?
B: It was good.
G: What did you do?
B: I played baseball with my cousin.
G: Sounds fun!

소녀: 너의 주말은 어땠어?
소년: 좋았지.
소녀: 뭘 했는데?
소년: 내 사촌과 함께 야구를 했어.
소녀: 재미있었겠다!

---

12 ②

남자아이의 가족사진을 함께 보면서, ② '남자아이의 삼촌'에 대해 이야기하고 있습니다.

중요 어휘
· family photo 가족사진
· uncle 삼촌
· soccer player 축구 선수

B: This is my family photo.
G: Oh, who's this?
B: He's my uncle.
G: What does he do?
B: He's a soccer player.

소년: 이것은 내 가족사진이야.
소녀: 오, 이분은 누구셔?
소년: 그는 나의 삼촌이야.
소녀: 그는 무슨 일을 하시니?
소년: 축구 선수이셔.

---

13 ④

계단에서 위험하게 뛰고 있으므로, ④ 'Don't run on the stairs.'라는 말이 알맞습니다.

중요 어휘
· worry 걱정하다
· loudly 큰 소리로
· stair 계단 (주로 복수형으로 씀)

W: ① Don't worry.
  ② Don't speak loudly.
  ③ Don't eat or drink here.
  ④ Don't run on the stairs.

여자: ① 걱정하지 마세요.
  ② 큰 소리로 말하지 마세요.
  ③ 여기서 먹거나 마시지 마세요.
  ④ 계단에서 뛰지 마세요.

정답	JUMP UP 받아쓰기(스크립트)	해석

14 ②

오늘이 무슨 요일인지 물었으므로, ② 'It's Saturday.' 라는 응답이 알맞습니다.

· today 오늘
· Saturday 토요일
· new 새, 새로운
· cell phone 휴대 전화

G: What <u>day</u> is it today?

소녀: 오늘이 무슨 요일이니?
① 눈이 오고 있어.
② 토요일이야.
③ 그것은 탁자 위에 있어.
④ 그것은 나의 새 휴대 전화야.

15 ③

배낭이 얼마인지 물었으므로, ③ 'It's 50 dollars.'라는 응답이 알맞습니다.

· backpack 배낭
· here 여기
· near 가까운
· parrot 앵무새

G: Can you <u>show</u> me a big backpack?
M: Yes. Here's a <u>good</u> one.
G: How <u>much</u> is it?

소녀: 큰 배낭 좀 보여 주시겠어요?
남자: 네. 여기 좋은 것이 있어요.
소녀: 얼마예요?
① 여름이에요.
② 그것은 아주 가까워요.
③ 그것은 50달러예요.
④ 그것은 앵무새가 아니에요.

 **FLY UP**

본문 79쪽

01 A: What time is it? / 몇 시예요?

02 B: He is a soccer player. / 그는 축구 선수야.

03 A: Can you play the piano? / 너는 피아노를 칠 수 있니?

04 B: She's my sister. / 그녀는 내 여자 형제예요.

05 A: What day is it? / 무슨 요일이에요?

 **SPEAK UP**

본문 80쪽

01 This is my family photo.

02 What time does the movie start?

03 What does she do?

04 I can jump rope.

05 Can you show me how?

06 Don't worry.

07 Don't run on the stairs.

Listen & Speak Up 7

WARM UP

01 거울	02 기타	03 과학	04 두통	05 중간의
06 잘못된, 문제가 있는	07 이해하다	08 세상, 세계	09 스키를 타다	10 가입하다

LISTEN UP | JUMP UP

LISTEN UP 듣기평가 모의고사 7

01 ④	02 ②	03 ④	04 ①	05 ③	06 ④	07 ④	08 ③	09 ④	10 ②
11 ③	12 ①	13 ④	14 ①	15 ①					

LISTEN UP 문장 완성하기

A 01 your, homework   02 favorite, subject

B 01 Can I have some cookies?   02 Do you like going camping?

03 It's big and round.

정답	JUMP UP 받아쓰기(스크립트)	해석
01 ④	W: ① pin ② pig ③ pen ④ bread	여자: ① 핀 ② 돼지 ③ 펜 ④ 빵
02 ②	W: gold ① gloves ② ice ③ gate ④ glue	여자: 금 ① 장갑 ② 얼음 ③ 대문 ④ 풀
03 ④	W: tall	여자: 키가 큰

정답	JUMP UP 받아쓰기(스크립트)	해석

04 ①

그림의 거울을 나타내는 단어는 ① 'mirror'입니다.

W: ① mirror
② comb
③ lamp
④ camera

여자: ① 거울
② 빗
③ 등, 램프
④ 카메라

05 ③

③ 'soccer'는 악기에 속하지 않습니다.

W: ① cello
② guitar
③ soccer
④ piano

여자: ① 첼로
② 기타
③ 축구
④ 피아노

06 ④

그림의 가방에서 찾을 수 있는 것은 ④ 'towel'입니다.

W: ① cap
② soap
③ sunglasses
④ towel

여자: ① 모자
② 비누
③ 선글라스
④ 수건

07 ④

숙제를 보여 달라고 이야기 했으므로 정답은 ④입니다.

중요 어휘
· show 보여 주다
· homework 숙제, 과제

W: Show me your homework.

여자: 너의 숙제를 보여 주렴.

08 ③

여자아이는 1달러짜리 사탕을 11개 산다고 하였으므로 정답은 ③ '$11'입니다.

중요 어휘
· each 각각
· want 원하다, 사고[가지고] 싶어 하다
· candy 사탕

G: How much are these candies?
M: They're one dollar each.
G: I want eleven candies, please.

소녀: 이 사탕들은 얼마예요?
남자: 한 개에[각각] 1달러란다.
소녀: 사탕 11개 주세요.

09 ④

'네 가방은 무슨 색이야?'라는 물음에, '중간 크기의 가방이야.'라고 대답하는 것은 어색하므로 정답은 ④입니다.

중요 어휘
· for ~을 위해[위한]
· medium 중간의

① B: Do you like bananas?
G: Yes, I do.
② B: This is for you.
G: Thank you.
③ B: Where is he?
G: He's in his room.
④ B: What color is your bag?
G: It's a medium-sized bag.

① 소년: 너는 바나나를 좋아하니?
소녀: 응, 좋아해.
② 소년: 이것은 너를 위한 거야.
소녀: 고마워.
③ 소년: 그는 어디에 있니?
소녀: 그는 자기 방에 있어.
④ 소년: 네 가방은 무슨 색이야?
소녀: 중간 크기의 가방이야.

정답	JUMP UP 받아쓰기(스크립트)	해석

10 ②

여자아이가 '나는 주로 스케이트보드를 타.'라고 했으므로, 정답은 ②입니다.

중요 어휘
· usually 주로, 보통
· ride ~을 타다
· skateboard 스케이트보드

B: What do you do on Saturday afternoons?
G: I usually ride a skateboard.
B: Sounds fun!

소년: 너는 토요일 오후에 뭐 하니?
소녀: 나는 주로 스케이트보드를 타.
소년: 재밌겠다!

11 ③

어디가 아픈지 묻고 답하는 대화를 나누고 있으므로, 두 사람이 대화를 나누는 장소는 ③ '병원'이라는 것을 알 수 있습니다.

중요 어휘
· wrong 잘못된, 문제가 있는
· fever 열
· headache 두통, 머리가 아픔
· medicine 약
· again 다시

M: What's wrong?
G: I have a headache.
M: Let me see.
   Oh, you have a fever.
G: What should I do?
M: I'll give you some medicine. And come to see me again in two days.

남자: 어디가 아프니?[무슨 문제가 있니?]
소녀: 머리가 아파요.
남자: 어디 보자. 오, 너 열이 있구나.
소녀: 제가 어떻게 해야 하죠?
남자: 내가 너에게 약을 좀 줄게. 그리고 이틀 후에 진찰 받으러 다시 오렴.

12 ①

여자가 남자아이에게 가장 좋아하는 과목이 무엇인지 묻고 남자아이는 ① '과학'이라고 대답하고 있습니다.

중요 어휘
· favorite 가장[매우] 좋아하는
· subject 과목
· why 왜
· because 왜냐하면
· understand 이해하다
· world 세상, 세계

W: What's your favorite subject, Jun?
B: My favorite subject is science.
W: Why do you like science?
B: Because it helps me understand the world.

여자: 네가 가장 좋아하는 과목은 뭐니, 준아?
소년: 제가 가장 좋아하는 과목은 과학이에요.
여자: 왜 과학을 좋아하니?
소년: 왜냐하면 그것은 제가 세상을 이해하는 데 도움이 되기 때문이에요.

13 ④

남자아이는 화장실에 가고 싶어 하므로 ④ 'May I go to the restroom?'이라는 말이 알맞습니다.

중요 어휘
· ski 스키를 타다
· cookie 쿠키
· restroom 화장실

W: ① Can you ski?
   ② May I help you?
   ③ Can I have some cookies?
   ④ May I go to the restroom?

여자: ① 당신은 스키 탈 수 있나요?
   ② 도와드릴까요?
   ③ 제가 쿠키 좀 먹어도 될까요?
   ④ 제가 화장실에 가도 될까요?

정답	JUMP UP 받아쓰기(스크립트)	해석

14 ①

캠핑하러 가는 것을 좋아하는지 물었으므로, ① 'Yes, I do. It's so fun.'이라는 응답이 알맞습니다.

중요 어휘
· go camping
  캠핑하러 가다
· pet 반려동물
· burger 버거[햄버거]
· fun 재미있는
· sandwich 샌드위치

G: Do you like going camping?

소녀: 너는 캠핑하러 가는 것을 좋아하니?
① 응, 좋아해. 그것은 정말 재미있어.
② 아니, 나는 반려동물이 없어.
③ 아니, 버거를 좋아하지 않아.
④ 물론이지. 점심으로 샌드위치를 먹었어.

15 ①

음악 동아리에 가입하자고 제안했으므로, ① 'Sounds great.'이라는 응답이 알맞습니다.

중요 어휘
· music 음악
· of course 물론이지
· join 가입하다
· music club 음악 동아리
· go for a walk
  산책하러 가다

G: Do you like music?
B: Of course.
G: Then, how about joining the music club?

소녀: 음악 좋아하니?
소년: 물론이지.
소녀: 그럼, 음악 동아리에 가입하는 게 어때?
① 좋아.
② 나는 축구를 할 수 있어.
③ 그것은 크고 둥글어.
④ 우리 산책하러 가자.

 **FLY UP**

본문 91쪽

01 A: Where's my watch? / 내 손목시계는 어디에 있나요?

02 B: My favorite subject is English. / 내가 가장[매우] 좋아하는 과목은 영어야.

03 A: Why do you like English? / 너는 왜 영어를 좋아하니?

04 B: Yes, I can. / 응, 탈 수 있지.

05 A: Do you like playing soccer? / 너는 축구 하는 것을 좋아하니?

01   They're one dollar each.

02   Do you like apples?

03   This is for you.

04   What color is your bag?

05   Do you like music?

06   May I go to the restroom?

07   Let's join the computer club.

Listen & Speak Up 8

본문 93쪽

WARM UP

01 고기	02 풍선	03 ~을 찾다	04 원하다	05 감기; 추운
06 박물관	07 병	08 운	09 체육관	10 농구

LISTEN UP JUMP UP

LISTEN UP 듣기평가 모의고사 8

본문 94~97쪽

01 ④	02 ②	03 ②	04 ①	05 ③	06 ④	07 ③	08 ③	09 ③	10 ④
11 ③	12 ④	13 ②	14 ①	15 ④					

LISTEN UP 문장 완성하기

본문 98쪽

A 01 looking, black   02 this, hat

B 01 Can you help me?   02 I'll go swimming.

   03 Let's drink some juice.

정답	JUMP UP 받아쓰기(스크립트)	해석
01 ④	W: ① net ② nine ③ nose ④ meat	여자: ① 그물 ② 9, 아홉 ③ 코 ④ 고기
02 ②	W: vegetable ① vest ② bird ③ violin ④ violet	여자: 채소 ① 조끼 ② 새 ③ 바이올린 ④ 보라색(의)
03 ②	W: cook	여자: 요리사

정답	JUMP UP 받아쓰기(스크립트)	해석

04 ①

그림의 풍선을 나타내는 단어는 ① 'balloon'입니다.

W: ① balloon
② candle
③ cake
④ present

여자: ① 풍선
② 초
③ 케이크
④ 선물

05 ③

③ 'bottle'은 가구에 속하지 않습니다.

W: ① table
② chair
③ bottle
④ desk

여자: ① 탁자
② 의자
③ 병
④ 책상

06 ④

그림의 바다에서 찾을 수 없는 것은 ④ 'turtle'입니다.

W: ① crab
② dolphin
③ octopus
④ turtle

여자: ① 게
② 돌고래
③ 문어
④ 거북

07 ③

여자아이는 초록색 원피스를 찾고 있다고 이야기했으므로 정답은 ③입니다.

중요 어휘
· look for ~을 찾다
· green 초록색인; 초록색
· dress 원피스

G: I'm looking for a green dress.

소녀: 저는 초록색 원피스를 찾고 있어요.

08 ③

남자아이는 파란색 모자를 사고 싶다고 하였으므로 정답은 ③ '모자 – 파란색'입니다.

중요 어휘
· hat 모자
· mean 의미하다, 뜻하다
· one 앞에 이미 언급했거나 상대방이 알고 있는 사람·사물을 가리킬 때 명사의 반복을 피하기 위해 쓰는 대명사

B: I want this hat. It looks good.
W: You mean this orange hat?
B: No, the blue one.

소년: 전 이 모자를 사고 싶어요. 그것은 좋아 보여요.
여자: 이 주황색 모자 말이니?
소년: 아니요, 파란색 모자요.

09 ③

'난 감기에 걸렸어.'라는 말에, '난 춥지 않아.'라고 말하는 것은 어색하므로 정답은 ③입니다.

① G: Can you help me?
   B: I'm sorry, I can't.
② G: Do you want some juice?
   B: No, thank you.

① 소녀: 나 좀 도와줄래?
   소년: 미안해, 못 도와줘.
② 소녀: 주스 좀 마실래?
   소년: 아니, 괜찮아.

정답	JUMP UP 받아쓰기(스크립트)	해석

중요 어휘
· juice 주스
· cold 감기; 추운

③ G: I have a cold.
  B: I'm not cold.
④ G: Do you have a cell phone?
  B: Yes, I do. It's in my bag.

③ 소녀: 난 감기에 걸렸어.
  소년: 난 춥지 않아.
④ 소녀: 너 휴대 전화 있어?
  소년: 응, 있지. (그것은) 가방 안에 있어.

10 ④
'나는 스케이트 타러 갈 거야.'라고 했으므로, 정답은 ④ 입니다.

중요 어휘
· will ~할 것이다
· I'll = I will
· go skating
  스케이트 타러 가다

B: What will you do tomorrow?
G: I'll go skating.
B: Sounds fun!

소년: 넌 내일 뭐 할 거야?
소녀: 난 스케이트 타러 갈 거야.
소년: 재밌겠다!

11 ③
지하철을 타자는 말에 좋다고 했으므로, 두 사람이 이용할 교통수단은 ③ '지하철'입니다.

중요 어휘
· how 어떻게; 어떠한
· get 도착하다; 받다
· there 거기에, 그곳에
· subway 지하철

G: How about going to the museum this Saturday?
B: Good idea! How will we get there?
G: Let's take the subway.
B: Sounds great.

소녀: 이번 주 토요일에 박물관에 가는 게 어때?
소년: 좋은 생각이야! 그곳에 어떻게 가면 좋을까?
소녀: 지하철을 타자.
소년: 좋아.

12 ④
여자아이는 미술 수업이, 남자아이는 바이올린 수업이 있다고 하며 서로의 ④ '방과 후 활동'에 대해 이야기하고 있습니다.

중요 어휘
· after school
  방과 후에, 학교가 끝난 후에
· art 미술
· class 수업; 반
· violin 바이올린
· lesson 수업
· every day 매일
· really 정말로, 진짜로

B: What do you do after school?
G: I have an art class today. How about you?
B: I have violin lessons every day.
G: Oh, do you like playing the violin?
B: Yeah, I really like it.

소년: 넌 방과 후에 무엇을 하니?
소녀: 오늘은 미술 수업이 있어. 너는 어때?
소년: 나는 매일 바이올린 수업이 있어.
소녀: 아, 너는 바이올린 연주하는 걸 좋아하니?
소년: 응, 난 정말로 그것을 좋아해.

13 ②
엄마께 선물을 받았으므로,

W: ① Good luck!

여자: ① 행운을 빌어요!

정답	JUMP UP 받아쓰기(스크립트)	해석
② 'Thanks a lot!'이라는 말이 알맞습니다. **중요 어휘** · luck 운 · a lot 정말, 많이	② Thanks a lot! ③ You can do it! ④ Have a good day!	② 정말 고맙습니다! ③ 당신은 할 수 있어요! ④ 좋은 하루 보내세요!
14 ① 생일에 무엇을 갖고 싶은지 물었으므로, ① 'I want a soccer ball.'이라는 응답이 알맞습니다. **중요 어휘** · want 원하다, 가지고 싶어 하다 · ball 공 · card 카드	G: What do you want for your birthday?	소녀: 너는 네 생일에 무엇을 갖고 싶니? ① 나는 축구공을 갖고 싶어. ② 우리 주스 좀 마시자. ③ 나는 그곳에 가는 것을 좋아하지 않아. ④ 나는 생일 카드를 만들 거야.
15 ④ 어디에서 농구 하는지 물었으므로, 정답은 ④ 'I play basketball at the gym.'이라는 응답이 알맞습니다. **중요 어휘** · basketball 농구 · gym 체육관	G: What do you like to do? B: I like to play basketball. G: Where do you play basketball?	소녀: 너는 뭐 하기를 좋아하니? 소년: 나는 농구 하는 것을 좋아해. 소녀: 어디에서 농구 하는데? ① 나는 너와 함께 갈 수 있어. ② 나는 피아노 치는 것을 좋아해. ③ 나는 농구공이 없어. ④ 나는 체육관에서 농구를 해.

 **FLY UP**

본문 103쪽

01 A: Can you help me? / 나 좀 도와줄 수 있니?

02 B: I'll go to the bookstore. / 나는 서점에 갈 거야.

03 A: What do you want for your birthday? / 너는 네 생일에 뭘 갖고 싶니?

04 B: I like to read books. / 나는 책 읽는 것을 좋아해.

05 A: Where do you read books? / 너는 어디에서 책을 읽니?

01   What will you do tomorrow?

02   Let's go to the museum.

03   I have an art class.

04   Good luck!

05   You can do it!

06   I like to play board games.

07   I play basketball at the gym.

Listen & Speak Up 9

WARM UP

01 지불하다	02 역, 정거장	03 보트, 작은 배	04 기차	05 많은
06 선물	07 창문	08 부탁	09 헬멧, 안전모	10 재킷, 짧은 상의

LISTEN UP | JUMP UP

LISTEN UP 듣기평가 모의고사 9

01 ③	02 ③	03 ②	04 ④	05 ①	06 ④	07 ②	08 ①	09 ②	10 ②
11 ③	12 ④	13 ②	14 ①	15 ④					

LISTEN UP 문장 완성하기

A 01 get, food   02 about, scarf

B 01 Will you close the window?   02 Put on a helmet. [Put a helmet on.]

   03 Is she your mother?

정답	JUMP UP 받아쓰기(스크립트)	해석
01 ③	W: ① jacket ② jam ③ zebra ④ June	여자: ① 재킷, 상의 ② 잼 ③ 얼룩말 ④ 6월
02 ③	W: map ① mango ② moon ③ nest ④ mouth	여자: 지도 ① 망고 ② 달 ③ 둥지 ④ 입
03 ②	W: pay	여자: 지불하다

정답	JUMP UP 받아쓰기(스크립트)	해석

04 ④

그림의 우산을 나타내는 단어는 ④ 'umbrella'입니다.

W: ① clock
　　② shelf
　　③ plant
　　④ umbrella

여자: ① 시계
　　　② 선반, 책꽂이
　　　③ 식물
　　　④ 우산

05 ①

① 'station'은 탈것에 속하지 않습니다.

W: ① station
　　② plane
　　③ boat
　　④ train

여자: ① 역
　　　② 비행기
　　　③ 보트, 작은 배
　　　④ 기차

06 ④

그림의 장바구니에서 찾을 수 있는 것은 ④ 'tomato'입니다.

W: ① corn
　　② juice
　　③ sweet potato
　　④ tomato

여자: ① 옥수수
　　　② 주스
　　　③ 고구마
　　　④ 토마토

07 ②

여자아이가 선물을 좋아하며 고마움을 표현하고 있으므로 정답은 ②입니다.

중요 어휘
· gift 선물

G: Thank you for the gift. I like it.

소녀: 선물 고마워요. 마음에 들어요.

08 ①

여자아이는 연필 7자루, 지우개 3개를 가지고 있다고 하였으므로 정답은 ① '연필 7자루 – 지우개 3개'입니다.

중요 어휘
· many 많은

B: What do you have in your pencil case?
G: I have seven pencils. I also have three erasers.
B: Wow, you have many pencils and erasers.

소년: 네 필통에 뭐가 들어 있니?
소녀: 나는 연필이 7개 있어. 지우개도 3개 있어.
소년: 우와, 연필과 지우개를 많이 가지고 있구나.

09 ②

'너의 생일은 언제야?'라는 물음에, '난 행복해.'라고 하는 것은 어색하므로 정답은 ②입니다.

중요 어휘
· hungry 배고픈
· get some food
　음식을 좀 사 먹다
· take a picture of
　~의 사진을 찍다

① G: I'm hungry.
　　B: Let's get some food.
② G: When is your birthday?
　　B: I'm happy.
③ G: What class do you like?
　　B: I like English class.
④ G: Can you take a picture of me?
　　B: Sure, I can.

① 소녀: 나는 배고파.
　　소년: 우리 뭐 좀 사 먹자.
② 소녀: 너의 생일은 언제야?
　　소년: 나는 행복해.
③ 소녀: 너는 어떤 수업을 좋아해?
　　소년: 나는 영어 수업을 좋아해.
④ 소녀: 내 사진 좀 찍어 줄 수 있니?
　　소년: 물론, 찍어 줄 수 있지.

정답	JUMP UP 받아쓰기(스크립트)	해석

10 ②

점원이 자주색 스카프를 추천하자 남자아이는 예쁘다며 그것을 살 거라고 말했으므로, 정답은 ②입니다.

중요 어휘
· look for ~을 찾다
· present 선물
· purple 자주색의
· scarf 스카프
· on sale 할인 중인

B: I'm <u>looking</u> for a present for my mom.
W: How about this <u>purple</u> scarf?
B: It's <u>pretty</u>. I'll take it.
W: That's great. It's on sale now.

소년: 전 엄마께 드릴(엄마를 위한) 선물을 찾고 있어요.
여자: 이 자주색 스카프는 어때?
소년: 그것은 예쁘네요. 제가 그것을 살게요.
여자: 잘됐네. 그것은 지금 할인 중이란다.

---

11 ③

창문 좀 닫아 달라는 부탁을 하고 있으므로 정답은 ③ '창문 닫기'입니다.

중요 어휘
· favor 부탁
· close 닫다
· window 창문

W: Ted, can you do me a favor?
B: <u>Sure</u>, Mom. What is it?
W: Will you <u>close</u> the <u>window</u>?
B: Okay, I will.

여자: Ted, 부탁 하나만 들어줄래?
소년: 그럼요, 엄마. 그것(부탁)이 뭐예요?
여자: 창문 좀 닫아 줄래?
소년: 네, 그럴게요.

---

12 ④

여자아이가 남자아이에게 4시에 만나는 것은 어떤지 묻고 남자아이는 좋다고 했으므로, 두 사람이 만나기로 한 시각은 ④ '4시'라는 것을 알 수 있습니다.

중요 어휘
· after school 방과 후에
· o'clock ~시 정각

G: Let's go to eat some ice cream <u>after</u> school.
B: Okay. What <u>time</u>?
G: How about four o'clock?
B: Sounds <u>good</u>.

소녀: 우리 학교 끝나고 아이스크림 먹으러 가자.
소년: 알았어. 몇 시?
소녀: 4시는 어때?
소년: 좋아.

---

13 ②

엄마가 헬멧을 손에 들고, 헬멧 없이 자전거를 타려는 남자아이를 보고 있으므로, ② 'Put on a helmet.'이라는 말이 알맞습니다.

중요 어휘
· put on ~을 착용하다

W: ① Put on gloves.
② Put on a <u>helmet</u>.
③ Put <u>on</u> your shoes.
④ Put on your <u>jacket</u>.

여자: ① 장갑을 끼렴.
② 헬멧을 쓰렴.
③ 신발을 신으렴.
④ 재킷을 입으렴.

---

14 ①

어떤 운동을 하는 것을 좋아하는지 물었으므로, ① 'I

G: What sport do you <u>like</u> to play?

소녀: 너는 어떤 운동을 하는 것을 좋아하니?
① 나는 축구 하는 것을 좋아해.

정답	JUMP UP 받아쓰기(스크립트)	해석
like to play soccer.'라는 응답이 알맞습니다. **중요 어휘** • go swimming 수영하러 가다		② 우리 수영하러 가자. ③ 너는 춤을 잘 출 수 있니? ④ 너는 아이스크림을 좋아하니?
15 ④ 여자아이의 어머니가 무슨 일을 하시는지 물었으므로 ④ 'She teaches English.' 라는 응답이 알맞습니다. **중요 어휘** • son 아들 • tall 키가 큰 • teach 가르치다 • English 영어	B: Is she your <u>mom</u>? G: Yes, she is. B: <u>What</u> does she <u>do</u>?	소년: 그녀가 너의 어머니이셔? 소녀: 응, 그래. 소년: 그녀는 무슨 일을 하시니? ① 그녀는 고양이가 있어. ② 그녀는 아들이 있어. ③ 그녀는 키가 매우 커. ④ 그녀는 영어를 가르쳐.

 **FLY UP**

본문 115쪽

01 A: Can you take a picture of me? / 내 사진 좀 찍어 줄 수 있니?

02 B: I like music class. / 나는 음악 수업을 좋아해.

03 A: When is your birthday? / 너의 생일은 언제야?

04 B: I like to play tennis. / 나는 테니스 치는 것을 좋아해.

05 A: What does she do? / 그녀는 무슨 일을 하나요?

 **SPEAK UP**

본문 116쪽

01 Thank you for the gift!

02 You have many pencils and erasers.

03 I'm looking for a pencil.

04 Can you do me a favor?

05 How about one o'clock?

06 Let's go swimming.

07 Put on your jacket. [Put your jacket on.]

Listen & Speak Up 10

01 파도	02 거미	03 배고픈	04 토끼	05 벌써, 이미
06 울다	07 마시다	08 가장; 대부분	09 종류; 친절한	10 영화

LISTEN UP | JUMP UP

LISTEN UP 듣기평가 모의고사 10

01 ③	02 ③	03 ①	04 ②	05 ③	06 ④	07 ①	08 ④	09 ②	10 ①
11 ③	12 ②	13 ②	14 ③	15 ①					

LISTEN UP 문장 완성하기

A 01 <u>too</u>, <u>small</u>   02 <u>summer</u>, <u>most</u>

B 01 This food is so great.   02 Don't drink here.

  03 I like watching movies.

정답	JUMP UP 받아쓰기(스크립트)	해석
01 ③	W: ① <u>tiger</u> ② <u>tent</u> ③ <u>kid</u> ④ <u>tomato</u>	여자: ① 호랑이 ② 텐트, 천막 ③ 아이 ④ 토마토
02 ③	W: <u>witch</u> ① <u>watch</u> ② <u>wave</u> ③ <u>banana</u> ④ <u>wolf</u>	여자: 마녀 ① 손목시계 ② 파도 ③ 바나나 ④ 늑대
03 ①	W: <u>find</u>	여자: 찾다

정답	JUMP UP 받아쓰기(스크립트)	해석

04 ②

그림의 벌을 나타내는 단어는 ② 'bee'입니다.

W: ① ant
② bee
③ butterfly
④ spider

여자: ① 개미
② 벌
③ 나비
④ 거미

05 ③

③ 'robot'은 운동에 속하지 않습니다.

W: ① baseball
② tennis
③ robot
④ soccer

여자: ① 야구
② 테니스
③ 로봇
④ 축구

06 ④

그림에서 찾을 수 있는 것은 ④ 'cell phone'입니다.

W: ① pen
② hat
③ key
④ cell phone

여자: ① 펜
② 모자
③ 열쇠
④ 휴대 전화

07 ①

여자아이는 토끼가 그려진 컵을 가지고 있다고 이야기했으므로 정답은 ①입니다.

중요 어휘
· rabbit 토끼
· on ~ 위에

G: My cup has a rabbit on it.

소녀: 내 컵에는 토끼 그림이 있어.

08 ④

'벌써 6시란다.'라고 말하였으므로 정답은 ④ '6시'입니다.

중요 어휘
· hungry 배고픈
· not yet 아직 아니다
· already 벌써, 이미
· o'clock ~시 정각

W: Are you hungry?
B: Not yet. What time is it?
W: It's already six o'clock.

여자: 너 배고프니?
소년: 아직이요. 지금 몇 시예요?
여자: 벌써 6시란다.

09 ②

'밖에 비가 오고 있니?'라는 물음에, '아니, 그건 너무 커.'라고 대답하는 것은 어색하므로 정답은 ②입니다.

중요 어휘
· look ~해 보이다
· outside 밖에
· give 주다
· cry 울다
· find 찾다, 발견하다

① G: You look great today.
　B: Thank you.
② G: Is it raining outside?
　B: No, it's too big.
③ G: Who gave it to you?
　B: My dad gave it to me.
④ G: Why are you crying?
　B: I can't find my bag.

① 소녀: 너는 오늘 멋져 보여.
　소년: 고마워.
② 소녀: 밖에 비가 오고 있니?
　소년: 아니, 그건 너무 커.
③ 소녀: 누가 그것을 너에게 주었어?
　소년: 아빠께서 주셨어.
④ 소녀: 너는 왜 울고 있니?
　소년: 나는 가방을 찾을 수가 없어.

정답	JUMP UP 받아쓰기(스크립트)	해석

10 ①

'쿠키 만들고 있어.'라고 했으므로, 정답은 ①입니다.

중요 어휘
· cookie 쿠키

B: What are you <u>doing</u>?
W: I'm making some cookies.
B: Oh, can I <u>help</u> you?
W: Yes. Can you get me the <u>milk</u>?

소년: 뭐 하고 계세요?
여자: 쿠키 만들고 있어.
소년: 아, 도와 드릴까요?
여자: 응. 우유 좀 갖다줄래?

---

11 ③

여기 스테이크와 감자튀김이 맛있다고 말한 것을 통해, 두 사람이 대화를 나누는 장소는 ③ '식당'이라는 것을 알 수 있습니다.

중요 어휘
· steak 스테이크
· really 진짜로, 정말로
· French fries 감자튀김

M: The steak here is so <u>great</u>!
G: Yeah. And I really like these French fries.
M: Do you <u>want</u> more juice?
G: Yes, <u>please</u>.

남자: 여기 스테이크가 정말 맛있어!
소녀: 맞아요. 그리고 전 이 감자튀김 진짜로 좋아요.
남자: 주스 더 줄까?
소녀: 네, 주세요.

---

12 ②

가장 좋아하는 계절이 무엇인지 묻는 말에 남자아이가 ② '여름'이라고 대답하고 있습니다.

중요 어휘
· season 계절
· most 제일, 가장
· it's because
  그것은 ~이기 때문이다

G: What's your favorite season?
B: I like summer <u>most</u>.
G: <u>Why</u> do you like summer?
B: It's because my <u>birthday</u> is in summer.

소녀: 네가 가장 좋아하는 계절은 뭐야?
소년: 나는 여름이 제일 좋아.
소녀: 너는 왜 여름을 좋아하니?
소년: 왜냐하면 여름에 내 생일이 있기 때문이야.

---

13 ②

도서관 벽에 음료를 금지하는 표시가 붙어 있으므로 ② 'Don't drink here.'라는 말이 알맞습니다.

중요 어휘
· talk 이야기하다, 말하다
· drink (음료를) 마시다
· sleep 자다
· fight 싸우다

W: ① Don't <u>talk</u> here.
　② Don't drink here.
　③ Don't <u>sleep</u> here.
　④ Don't <u>fight</u> here.

여자: ① 여기서 이야기하지 마세요.
　② 여기서 (음료를) 마시지 마세요.
　③ 여기서 잠자지 마세요.
　④ 여기서 싸우지 마세요.

---

14 ③

사진 속의 사람이 누구인지 물었으므로, ③ 'She's my grandmother.'라는 응답이 알맞습니다.

B: Who's <u>this</u> in the <u>picture</u>?

소년: 사진 속의 이분은 누구셔?
① 이것은 내 새 모자야.
② 나는 많은 사진을 가지고 있어.
③ 그녀는 우리 할머니셔.

정답	JUMP UP 받아쓰기(스크립트)	해석
중요 어휘 · picture 사진, 그림 · a lot of 많은 · grandmother 할머니 **15** ① 어떤 종류의 영화를 좋아하는지 물었으므로, ① 'I like comedy movies.'라는 응답이 알맞습니다. **중요 어휘** · watch a movie 영화를 보다 · kind 종류; 친절한 · plan 계획	G: I really like watching <u>movies</u>. B: Me, <u>too</u>! G: What <u>kind</u> of movies do you like?	④ 난 이 사진을 좋아하지 않아. 소녀: 나는 영화 보는 것을 정말 좋아해. 소년: 나도! 소녀: 너는 어떤 종류의 영화를 좋아해? ① 나는 코미디 영화를 좋아해. ② 나는 아무 계획도 없어. ③ 나는 모든 종류의 음악을 좋아해. ④ 그녀는 나에게 정말 친절해.

 **FLY UP**

본문 127쪽

01 A: What time is it? / 몇 시예요?

02 B: I can't find my cell phone. / 나는 내 휴대 전화를 찾을 수가 없어.

03 A: Can I help you? / 제가 도와 드릴까요?

04 B: I'm making some cookies. / 나는 쿠키를 좀 만들고 있어.

05 A: What's your favorite season? / 네가 가장 좋아하는 계절은 뭐니?

SPEAK UP

본문 128쪽

01 You look great today.

02 Why are you crying?

03 She gave it to me.

04 Is it snowing outside?

05 Can I help you?

06 Who's this in the picture?

07 I really like watching movies.

한눈에 보는 정답

LISTEN UP

Listen & Speak Up 1 본문 10~13쪽
듣기평가 모의고사

01 ②	02 ③	03 ②	04 ①	05 ④
06 ②	07 ①	08 ③	09 ③	10 ①
11 ④	12 ④	13 ①	14 ④	15 ②

Listen & Speak Up 4 본문 46~49쪽
듣기평가 모의고사

01 ④	02 ④	03 ②	04 ①	05 ②
06 ①	07 ②	08 ③	09 ②	10 ①
11 ③	12 ④	13 ④	14 ②	15 ③

Listen & Speak Up 2 본문 22~25쪽
듣기평가 모의고사

01 ③	02 ④	03 ①	04 ④	05 ①
06 ②	07 ④	08 ①	09 ②	10 ④
11 ②	12 ④	13 ④	14 ③	15 ④

Listen & Speak Up 5 본문 58~61쪽
듣기평가 모의고사

01 ④	02 ③	03 ④	04 ③	05 ②
06 ①	07 ②	08 ①	09 ④	10 ②
11 ②	12 ③	13 ④	14 ②	15 ④

Listen & Speak Up 3 본문 34~37쪽
듣기평가 모의고사

01 ④	02 ①	03 ③	04 ④	05 ②
06 ③	07 ②	08 ④	09 ③	10 ①
11 ②	12 ④	13 ③	14 ①	15 ④

Listen & Speak Up 6 본문 70~73쪽
듣기평가 모의고사

01 ②	02 ④	03 ④	04 ③	05 ①
06 ①	07 ④	08 ③	09 ②	10 ③
11 ④	12 ②	13 ④	14 ②	15 ③

Listen & Speak Up 7
본문 82~85쪽

듣기평가 모의고사

01	④	02	②	03	④	04	①	05	③
06	④	07	④	08	③	09	④	10	②
11	③	12	①	13	④	14	①	15	①

Listen & Speak Up 9
본문 106~109쪽

듣기평가 모의고사

01	③	02	③	03	②	04	④	05	①
06	④	07	②	08	①	09	②	10	②
11	③	12	④	13	②	14	①	15	④

Listen & Speak Up 8
본문 94~97쪽

듣기평가 모의고사

01	④	02	②	03	②	04	①	05	③
06	④	07	③	08	③	09	③	10	④
11	③	12	④	13	②	14	①	15	④

Listen & Speak Up 10
본문 118~121쪽

듣기평가 모의고사

01	③	02	③	03	①	04	②	05	③
06	④	07	①	08	④	09	②	10	①
11	③	12	②	13	②	14	③	15	①